ROBINSON CRUSOÉ

PAR DANIEL DE FOE

ILLUSTRATION DE PIERRE NOURY

FLAMMARION Éditeur PARIS

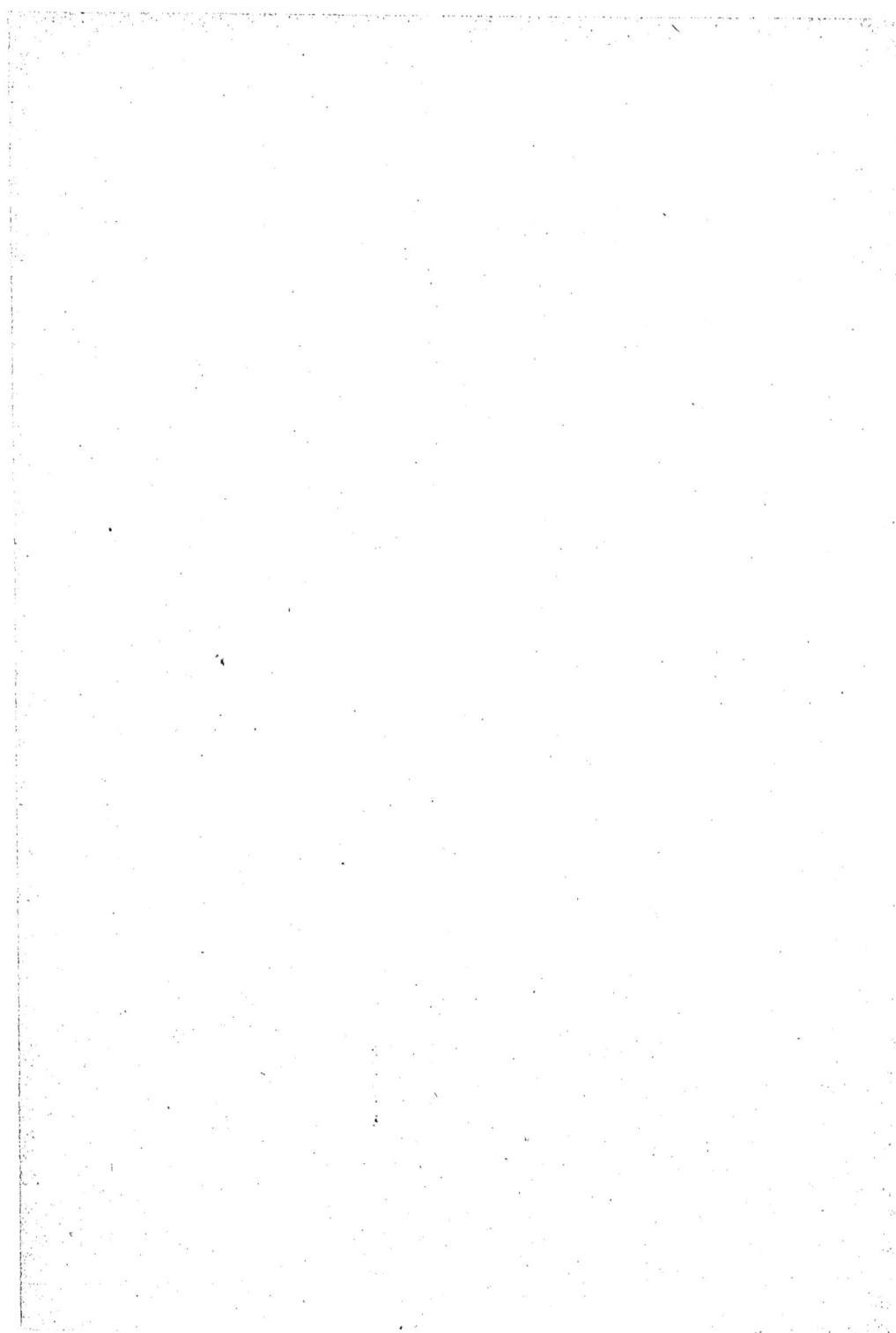

Aventures

de Robinson Crusoé

DANIEL DE FOË

—

Aventures
de
Robinson Crusoé

ADAPTATION

DE MARGUERITE REYNIER

ILLUSTRATIONS DE PIERRE NOURY

ERNEST FLAMMARION, ÉDITEUR

26, RUE RACINE, PARIS

—

Tous droits réservés.

I

Robinson Crusoé se présente au lecteur.

Je suis né en l'année 1632. Mon père, natif de
Brême, après s'être enrichi dans le commerce, s'installa
à York, en Angleterre, où il épousa ma mère qui appar-
tenait à la famille de Robinson. Mon père s'appelait
Kreutznar, mais son nom, déformé par la prononciation
anglaise, se transforma en *Crusoé*. C'est ainsi que je ne
fus jamais nommé autrement que Robinson Crusoé.

Dès ma première enfance, je n'eus pas d'autre rêve
que celui d'aller sur mer. Ce désir d'aventures m'entraina
d'abord à monter sur un bateau qui naviguait le long des
côtes anglaises, puis sur un vaisseau qui partait pour
la Guinée. C'est au cours de ce dernier voyage que je
devins prisonnier des Maures, mais, parvenu à m'échapper, je fus recueilli par un bâtiment portugais voguant

vers le Brésil où je débarquai avec le capitaine et son équipage.

Là, je m'installai comme planteur de cannes à sucre et j'y vécus près de quatre ans, commençant à gagner considérablement et à prospérer.

Pendant ce temps, non seulement j'avais lié connaissance et amitié avec mes compagnons de plantations, mais encore avec les marchands de San Salvador, qui était notre port de mer. Dans les propos que j'avais tenus avec eux, je leur avais souvent rendu compte de mes voyages et parlé de la Guinée où l'on pouvait charger de la poudre d'or, des dents d'éléphant et surtout faire le trafic des nègres. Ce dernier point les intéressait particulièrement. Un jour où j'avais parlé sérieusement sur ce sujet, trois planteurs vinrent me trouver le lendemain, me dirent combien le travail des nègres serait précieux pour leurs cultures et pour les miennes et me firent d'avantageuses propositions pour me décider à entreprendre un nouveau voyage sur les côtes d'Afrique.

La sagesse me conseillait de renoncer à toute aventure, de continuer à faire prospérer mes biens, mais la passion de la mer me reprenant, je dis que je partirais de tout cœur si mes amis voulaient bien se charger du soin de ma plantation pendant mon absence. Tous me le promirent et le vaisseau étant équipé, la cargaison embarquée, j'allai à bord, pour mon malheur, le 1er septembre 1659, qui était le même jour où je m'étais embarqué pour la première fois en Angleterre, huit ans auparavant.

II

Robinson fait naufrage
et les flots le jettent sur une terre inconnue.

Notre vaisseau était d'environ cent vingt tonneaux, il portait six canons et quatorze hommes en y comprenant le maître, son garçon et moi. Nous ne l'avions chargé d'autres marchandises que de quincailleries propres à nos échanges, telles que des ciseaux, des haches et surtout de petits miroirs. Nous mîmes à la voile, nous dirigeant vers la côte d'Afrique, lorsque le treizième jour s'éleva un violent ouragan qui nous désorienta complètement. Il se déchaîna d'une manière si terrible que, pendant douze jours, il nous fut impossible d'aller autrement qu'à la dérive. Nous nous attendions à chaque instant à être ensevelis dans les flots lorsque le matin commençant à pointer, un de nos matelots s'écria : « *Terre!* » A peine fûmes-nous sortis de la cabane pour voir ce que c'était, et dans quelle région du monde nous nous trouvions, que le vaisseau donna contre un banc de sable. Son mouvement cessa tout à coup et les vagues y entrèrent avec tant de précipitation que nous nous attendions à périr sur l'heure.

Nous eûmes cependant le temps de mettre la chaloupe à la mer et d'y prendre place pour essayer de nous sauver. Comme nous avions ramé, ou plutôt dérivé, l'espace d'une lieue et demie, une vague énorme, semblable à une montagne, se rua sur nous avec tant de furie qu'elle renversa tout d'un coup la chaloupe et nous sépara les uns des autres aussi bien que du bateau.

Après m'avoir enlevé plusieurs fois, la mer me jeta contre un rocher et cela si rudement que j'en perdis le sentiment. Heureusement, je revins à moi un peu avant son retour et, voyant que j'allais être enseveli, je résolus de m'attacher à un morceau du roc et de retenir mon haleine jusqu'à ce que les eaux se fussent retirées. Déjà les vagues étaient moins hautes; j'eus soin de ne pas lâcher prise avant qu'elles n'eussent passé et repassé pardessus moi. Après quoi, je pus parvenir à prendre terre et à monter sur le haut du rivage.

Me voyant ainsi en toute sûreté, je me mis à réfléchir sur le sort de mes camarades qui tous avaient été noyés. J'étais bien le seul qui eût pu se sauver, car je ne revis plus rien des autres, excepté trois de leurs chapeaux, un bonnet et deux souliers dépareillés.

Je tournai les yeux du côté du vaisseau qui avait échoué, mais il était à une si grande distance que c'est à pein si je pouvais le voir. « Grand

Dieu, m'écriai-je, comment est-il possible que je sois venu à terre! »

Puis, je regardai tout autour de moi pour voir en quel lieu j'étais. La joie de me sentir sauvé s'assombrit bientôt car j'étais mouillé et je n'avais point d'habits pour me changer; j'avais faim et je n'avais rien à manger; j'avais soif et je n'avais rien à boire. J'étais faible et je n'avais rien pour me fortifier. Je n'imaginais pas ce qu'il pourrait advenir de moi, sinon que je mourrais de faim ou serais la proie des bêtes féroces. Je n'avais pas d'arme pour chasser ou me défendre; je n'avais rien sur moi, si ce n'est un couteau. L'avenir m'apparut si redoutable que, pendant quelque temps, je courus de tous côtés comme un insensé.

L'approche de la nuit augmentait encore mon effroi. Enfin, je décidai de dormir sur un certain arbre que je découvris dans le voisinage, arbre semblable à un sapin, mais au feuillage épineux et fort épais.

Comme j'étais extrêmement fatigué, je tombai vite dans un profond sommeil qui répara si bien mes forces que je crois n'en avoir jamais eu de meilleur.

Il faisait grand jour lorsque je m'éveillai. Le temps était clair, la tempête dissipée et la mer n'était plus courroucée. Je fus tout étonné de voir que la marée nocturne avait soulevé le vaisseau du banc de sable où il avait échoué et l'avait fait dériver jusque près du rocher contre lequel les flots m'avaient jeté. Il y avait environ un mille [1] de l'endroit où j'étais jusque-là. Comme le bâtiment paraissait encore reposer sur sa quille, j'aurais bien souhaité être à bord afin de pouvoir en tirer pour mon usage quelques-unes des choses les plus nécessaires.

1. Mille : ancienne mesure de longueur variable selon les pays. Le mille anglais vaut 1.609 mètres.

III

Robinson commence à recueillir
les restes de son vaisseau.

Un peu après midi, je vis que la mer était si calme
et la marée si basse que je ne pus résister au désir
d'essayer de rejoindre mon bâtiment.

Il faisait une chaleur extrême. Je me dépouillai de
mes habits et me jetai dans l'eau. Mais quand je fus
arrivé au pied du vaisseau, je me trouvai en présence de
difficultés énormes. Il reposait sur terre, mais dépassait
l'eau d'une grande hauteur et je ne voyais pas à quoi
je pourrais m'accrocher pour grimper le long de ses
flancs. J'en fis deux fois le tour à la nage. A la seconde,
j'aperçus enfin un bout de corde que je saisis avec
peine, mais qui me permit d'atteindre le sommet. Là, je vis
que le vaisseau était entr'ouvert et qu'il y avait

2

beaucoup d'eau à fond de cale ; seulement, la poupe était si haute que le pont était tout à fait sec comme aussi tout ce qu'il renfermait. Car vous pensez bien que mon premier soin fut de chercher partout pour découvrir ce qui était gâté ou ce qui était bon. Heureusement, toutes les provisions étaient sèches, et, comme j'étais très disposé à manger, je m'en allai à la soute où je remplis mes poches de biscuit. Je le grignotai tout en m'occupant à autre chose car je n'avais pas de temps à perdre. Je trouvai aussi du rhum dans la chambre du capitaine et j'en bus un bon coup car j'en avais grand besoin pour m'encourager à soutenir la vue des souffrances que j'aurais à supporter.

Il ne m'aurait servi de rien de demeurer les bras croisés et de perdre le temps à souhaiter ce que je ne pouvais obtenir, aussi décidai-je sans retard de me mettre à l'œuvre. Nous avions à bord plusieurs vergues[1], un ou deux mâts de perroquet qui étaient de réserve, et deux ou trois grandes barres de bois : je lançai hors du bord tout ce qui n'était point trop pesant. Cela fait, je descendis à côté du bâtiment et attachai ce qu'il fallait pour former une sorte de radeau sur lequel je plaçai en travers deux ou trois planches fort courtes. Tel qu'il était, il pouvait bien me porter, mais il me semblait trop léger pour une grosse charge. C'est pourquoi je retournai au travail, et, avec la scie du charpentier, je partageai une des vergues en trois pièces et les ajoutai à mon radeau après m'être donné

---

1. Vergue : pièce de bois placée horizontalement sur un mât et destinée à soutenir la voile.

beaucoup de peine et de travail. Il ne s'agissait plus alors que de le charger. Après avoir examiné ce dont j'avais le plus besoin, je commençai par prendre trois coffres de matelots que j'avais ouverts en forçant les serrures et que j'avais ensuite vidés, puis, je les descendis avec une corde sur mon radeau. Dans le premier, je mis des provisions, telles que du pain, du riz, trois fromages de Hollande, cinq morceaux de bouc séché et un petit reste de blé d'Europe destiné à nourrir quelques volailles emportées avec nous. Il y avait aussi une certaine quantité d'orge et de froment mêlés ensemble, mais bien endommagés par les rats. Pendant que j'étais ainsi occupé, je m'aperçus que la marée commençait à monter, et j'eus le chagrin de voir mon habit, ma veste et ma chemise, que j'avais laissés sur le rivage, flotter et s'en aller au gré de l'eau. Heureusement, comme ma culotte de toile était ouverte à l'endroit des genoux, je ne l'avais point quittée pour nager jusqu'à bord. Mais elle ne me suffisait point et j'eus la chance de n'avoir pas à fouiller trop longtemps pour trouver dans le bateau de quoi remplacer largement les hardes que le flot m'avait enlevées.

Toutefois, je me contentai de prendre ce dont je ne pouvais absolument me passer pour l'instant car il y avait d'autres choses que je désirais beaucoup plus. De ce nombre étaient des outils pour travailler quand je serais à terre. Après avoir longtemps cherché, j'eus le bonheur de découvrir le coffre du charpentier. Ce fut un trésor pour moi, trésor beaucoup plus précieux

que ne l'aurait été un vaisseau chargé d'or. Je le descendis, le posai sur mon radeau tel qu'il était, sans
perdre de temps à regarder dedans, car je savais en
gros ce qu'il contenait.

Ce que je souhaitais le plus ensuite, c'était des
munitions et des armes. Il y avait dans la chambre du
capitaine deux fusils fort bons et deux pistolets ; je
m'en saisis d'abord, comme aussi de quelques cornets à
poudre, d'un petit sac de plomb et de deux vieilles
épées rouillées. Je savais qu'il y avait quelque part trois
barils de poudre, mais j'ignorais en quel endroit notre
canonnier les avait serrés. A la fin, pourtant, je les
déterrai après avoir visité coins et recoins. Il y en avait
un qui avait été mouillé, mais les deux autres étaient
secs et je les plaçai avec les armes sur mon radeau.

Alors, je crus m'être muni d'assez de provisions. Il
ne me restait qu'à les conduire à terre, ce qui me
donnait quelque souci, car je n'avais ni rames, ni gouvernail. Heureusement, la mer était tranquille; la marée
qui montait me porterait, et d'autant mieux que le vent
était favorable. Je trouvai encore deux ou trois rames
à moitié rompues qui me servirent de renfort, deux
scies, une besaiguë[1] avec un marteau que j'ajoutai à ma
cargaison, après quoi je me mis en mer.

Mon radeau vogua très bien l'espace d'environ un
mille ; seulement, je m'aperçus qu'il dérivait un peu de
l'endroit où j'avais pris terre auparavant, ce qui me fit
croire à l'existence d'un courant d'eau. Et l'espoir me

1. Besaiguë : outil de charpentier taillant par les deux bouts.

vint de trouver dans les parages une baie ou une rivière
qui me tiendrait lieu de port pour décharger ma cargaison.

La chose était telle que je me l'étais imaginée. Je
découvris vis-à-vis de moi une petite ouverture de terre
vers laquelle je me sentais entraîné par le cours violent
de la marée, aussi gouvernai-je mon radeau de mon mieux
pour lui faire tenir le fil de l'eau. Pendant que la marée
le soulevait, je parvins à l'amener au-dessus d'un endroit
plat et uni où je l'amarrai en enfonçant dans la terre mes
deux rames rompues. J'attendis ainsi que la marée se fût
abaissée et qu'elle laissât mon train, avec ce qu'il portait,
à sec et en toute sûreté.

IV

**Robinson s'en va en reconnaissance
et découvre qu'il est dans une île déserte.**

Mon premier soin fut ensuite d'aller reconnaître le
pays et d'y chercher un lieu pour m'établir. J'ignorais
encore si ce terrain était dans le continent ou dans une
île, s'il était habité ou inhabité, si j'avais quelque chose
à craindre des bêtes sauvages ou non. A moins d'un
mille de là, il y avait une montagne très haute et difficile à gravir dont le sommet semblait dépasser une chaîne
de plusieurs autres. Je pris un de mes fusils et un de
mes pistolets avec un cornet de poudre et un petit sac
de plomb; armé de la sorte, je m'en allai à la découverte jusqu'au haut de cette montagne où, étant arrivé

après beaucoup de fatigue et de sueur, je découvris avec tristesse que j'étais dans une île. Je regardai en vain de tous côtés sans pouvoir découvrir d'autres terres, si ce n'était quelques rochers fort éloignés de là et deux petites îles beaucoup plus petites que la mienne et situées près de trois lieues à l'ouest.

Je reconnus en outre que l'île où je me voyais réduit était stérile et j'avais tout lieu de croire qu'il n'y avait point d'habitants, à moins que ce ne fussent des bêtes féroces. Je n'en apercevais cependant aucune, mais bien quantité d'oiseaux dont je ne connaissais ni l'espèce, ni l'usage que j'en pourrais faire quand je les aurais tués. En revenant de là, je tirai sur l'un d'eux que je vis posé sur un arbre au bord d'un grand bois. Je crois que c'était le premier coup de fusil qui eût été tiré en ce lieu depuis la création du monde. Je ne l'eus pas plutôt lâché qu'il s'éleva de toutes parts un nombre presque infini d'oiseaux de plusieurs sortes, avec un bruit confus causé par les cris et les piaulements différents qu'ils poussaient selon leurs espèces, toutes étrangères pour moi. Quant à celui que je tuai, je le pris pour une sorte d'épervier car il en avait la couleur et le bec, mais non les éperons ni les serres et sa chair ne valait rien.

Content de ma découverte, je revins à mon radeau et me mis à le décharger. Ce travail m'occupa le reste du jour et, la nuit étant venue, je ne savais que faire de ma personne, ni quel lieu choisir pour me reposer. Par crainte des ennemis possibles, je me barricadai aussi bien que je pus, avec les coffres et les planches que j'avais amenés à terre et me fis une espèce de hutte pour dormir cette nuit-là.

Avant de m'endormir, je songeai à toutes les choses qui me seraient encore utiles, par exemple des cordages et des voiles, et je résolus de faire un autre voyage à bord, et cela le plus vite possible sachant bien que la première tourmente briserait le bâtiment en mille pièces. Je décidai d'aller le lendemain, comme la première fois, quand la marée serait basse. Je me dévêtis avant de sortir de ma hutte, ne gardant sur moi qu'une chemise déchiquetée, des caleçons et une paire d'escarpins aux pieds. Puis je me rendis au vaisseau et j'y préparai un second train. J'emportai plusieurs choses précieuses : deux ou trois sacs pleins de clous et de pointes, une grande tarière[1], une douzaine de haches et une pierre à aiguiser. Je mis à part tout cela avec deux ou trois leviers de fer, sept mousquets, un fusil de chasse, une petite addition de poudre. Outre ces choses, j'enlevai tous les habits que je pus trouver avec une voile de surcroît du perroquet de mizaine[2], un matelas et quelques couvertures. Je chargeai le tout sur mon radeau et le conduisis à terre avec un succès qui me réconforta.

Je craignais, à mon retour, de voir les provisions que j'avais laissées dévorées par les bêtes, mais heureusement je les retrouvai intactes. J'aperçus seulement un animal semblable à un chat sauvage, assis sur un des coffres. Me voyant approcher, il s'enfuit à quelques pas de là, puis

1. Tarière : grande vrille de charpentier.
2. Mizaine : mât d'avant.

s'arrêta tout court. Il ne paraissait nullement effrayé et me regardait fixement. Je lui présentai le bout de mon fusil mais, comme il ne savait pas de quoi il s'agissait, il ne manifesta aucune crainte et n'essaya même pas de prendre la fuite. Voyant cela, je lui jetai un petit morceau de biscuit bien que je n'en fusse pas prodigue car ma provision n'était pas bien grosse. Il s'en approcha aussitôt, le flaira et l'avala. Bref, il prit si bien la chose qu'il me fit comprendre par son air de contentement qu'il était disposé à en accepter davantage, mais je ne renouvelai pas mon offrande et, voyant qu'il ne recevait plus rien, il prit congé de moi.

V

Robinson s'installe
et songe à se préparer une demeure.

Je songeai bientôt à me faire une petite tente avec la voile que j'avais et des piquets que je coupai à cet effet. Dans cette tente, j'apportai tout ce que je possédais et qui pouvait s'endommager à la pluie ou au soleil; après cela, je me fis un rempart des coffres et des tonneaux qui avaient contenu la poudre en les plaçant les uns sur les autres tout autour de ma tente. Cela fait, je barricadai la porte à l'intérieur avec des planches et un coffre vide, puis, après avoir posé mes deux pistolets à mon chevet, je me mis au lit pour la première fois et je dormis tranquillement toute la nuit.

Le magasin que je possédais alors était certainement le plus considérable qui eût jamais été réservé à une

seule personne, mais je n'étais pas encore content. Je
m'imaginais en effet que tant que le vaisseau resterait
ainsi droit sur sa quille et à ma portée, il était de mon
devoir d'en tirer tout ce que je pourrais. Aussi, je m'en
allais chaque jour à bord, à marée basse et j'en rapportais
tantôt une chose, tantôt une autre. En particulier, la
troisième fois que j'y allai, j'enlevai une partie des agrès,
les petites cordes, le fil de caret, une pièce de canevas
pour raccommoder les voiles à l'occasion, le baril de
poudre qui avait été mouillé et enfin toutes les voiles de
la plus grande à la plus petite.

Après cinq ou six voyages semblables, alors que je
pensais avoir vidé le bâtiment, j'eus la joyeuse surprise
de trouver encore un grand tonneau de biscuit, trois bons
barils de rhum ou d'eau-de-vie, une boîte de casson-
nade et un muid[1] de très belle fleur de farine. Je vidai
au plus vite le tonneau de biscuit, j'en fis plusieurs parts,
je les enveloppai dans des morceaux de voiles que je
taillai précisément pour cela et, enfin, je transportai cette
charge à terre avec autant de bonheur que j'avais fait
des autres. Je voulus y retourner une fois de plus, mais
comme je m'y préparais, le vent commença à se lever,
ce qui pourtant ne m'arrêta pas. Bien que j'eusse souvent fouillé et refouillé dans la chambre du capitaine,
j'y découvris cependant encore une armoire à plusieurs
tiroirs. L'un d'eux renfermait deux ou trois rasoirs, une
petite paire de ciseaux, dix ou douze couteaux et autant
de fourchettes. Dans un autre il y avait environ trente-

1. Muid : mesure de capacité d'environ 268 litres.

six livres sterling en espèces, les unes en monnaie d'Europe, les autres de Brésil, moitié or, moitié argent.

La vue de cet argent me fit sourire : c'est bien là ce dont je n'avais nul besoin. J'eus d'abord envie de le jeter au fond de la mer, puis, je me ravisai, et, prenant cette somme avec les autres ustensiles que j'avais trouvés dans l'armoire, j'empaquetai le tout dans un morceau de canevas. Je pensais à faire mon radeau quand je m'aperçus que le ciel se couvrait et qu'il commençait à fraîchir. Au bout d'un quart d'heure un vent venant de la côte se mit à souffler si fort que je décidai de rentrer le plus promptement possible, c'est-à-dire à la nage, si je ne voulais pas m'exposer à dire pour toujours adieu à la terre. Ce retour ne se fit pas sans peine tant à cause du poids des choses que je portais qu'en raison de l'agitation de la mer, mais j'abordai sans malheur.

Quand l'orage se déchaîna, j'étais déjà à l'abri chez moi, posté dans ma tente au milieu de mes richesses. Il fit un gros temps toute la nuit et le matin, quand je voulus regarder en mer, je ne vis plus le vaisseau. Je m'en consolai en pensant que je n'avais point perdu de temps et que je n'avais épargné ni soin ni peine pour en tirer ce qui pouvait m'être de quelque utilité.

Je ne songeai bientôt plus qu'à me mettre en sûreté contre les sauvages qui pourraient venir ou bien contre les bêtes féroces, à supposer qu'il y en eût dans l'île. Il me passait dans l'esprit toutes sortes d'idées différentes sur l'espèce d'habitation que je construirais. Je ne savais ni si je me creuserais une cave, ni si je me dresserais une tente et en fin de compte, je résolus d'avoir l'une et l'autre.

J'avais d'abord reconnu que la place où j'étais ne conviendrait pas pour ma demeure définitive : en premier lieu parce que le terrain était bas et marécageux, et que j'avais sujet de croire qu'il n'était pas sain ; en second lieu parce qu'il n'y avait point d'eau douce près de là. C'est pourquoi je pris le parti de chercher un endroit plus convenable. Le terrain que je choisirais devait répondre à plusieurs conditions : la première était de renfermer de l'eau potable ; la seconde de m'abriter des ardeurs du soleil ; la troisième de me garantir contre les attaques soit des hommes, soit des bêtes ; la quatrième d'avoir vue sur la mer afin que si quelque vaisseau venait à passer à ma portée je pus tout mettre en œuvre pour favoriser ma délivrance.

Je trouvai tout cela dans une petite plaine située au pied d'une colline élevée dont le front était raide et sans talus, de telle sorte que rien ne pouvait venir sur moi du haut en bas. La façade de ce rocher présentait un endroit creux qui s'enfonçait un peu, assez semblable à l'entrée d'une cave, mais il n'y avait aucune caverne ni aucun chemin qui allât dans le rocher.

C'est sur l'esplanade, exactement en face de cette enfonçure, que je résolus de planter le piquet. La plaine n'avait pas plus de cent verges [1] de largeur ; elle s'étendait environ une fois plus en longueur et formait devant mon habitation une espèce de tapis vert qui se termi-

1. Verge : ancienne mesure valant le quart d'un arpent (l'arpent valait à peu près dix ares).

naît en descendant irrégulièrement de tous côtés vers
la mer. Sa situation au nord-nord-ouest de la colline
me mettait à l'abri du soleil jusqu'à l'heure de son coucher : je n'aurais donc pas à redouter ses ardeurs.

Avant de dresser une tente, je traçai devant l'enfonçure un demi-cercle qui mesurait environ vingt verges.
Dans ce demi-cercle, je plantai deux rangs de
fortes palissades que j'enfonçai jusqu'à ce qu'elles
fussent fermes comme des piliers, le gros bout dépas-
sant la terre de cinq pieds [1] et demi et pointu par le
haut. Il n'y avait pas plus de six pouces [2] de distance
de l'un à l'autre rang. Je consolidai le tout en ajoutant
d'autres pieux appuyés contre les premiers et leur
servant d'accoudoirs à l'intérieur du demi-cercle. Cet
ouvrage était si résistant que ni homme ni bête n'aurait
pu le forcer ou passer par-dessus.

Je fis, pour entrer dans la place, non une porte,
mais une petite échelle avec laquelle je passais par-
dessus mes fortifications. Une fois à l'intérieur, j'enlevais
et retirais l'échelle après moi. De cette manière, je me
croyais parfaitement défendu et bien fortifié contre tous
les agresseurs possibles et je dormais en toute sûreté
pendant la nuit.

C'est dans ce retranchement, ou, si vous voulez,
dans cette forteresse, que je transportai mes provisions,
mes munitions, en un mot toutes les richesses dont j'ai
donné un compte détaillé et fidèle. J'y établis une

---

1. Pied : ancienne mesure d'environ 33 centimètres.
2. Pouce : ancienne mesure valant la douzième partie d'un pied.

grande tente, que je fis double, pour me garantir des pluies qui sont excessives dans cette région pendant un certain temps de l'année. Je dressai donc premièrement une tente moyenne ; puis, secondement, une plus grande par-dessus et, ensuite, je couvris le tout d'une toile goudronnée que j'avais sauvée avec les voiles.

Je portai sous cet abri toutes les provisions que la pluie aurait pu endommager. Après quoi, je commençai à creuser bien avant dans le roc, jetant la terre et les pierres que j'en tirais au pied de la palissade. Il en résulta une sorte de terrasse qui éleva le terrain d'environ un pied et demi et c'est ainsi que je me fis une caverne qui était comme le cellier de ma maison situé exactement derrière ma tente.

Je poursuivais ce travail avec ardeur lorsqu'un violent orage se déchaîna. En voyant les éclairs, je songeai tout à coup que toute ma poudre pourrait sauter en un instant. Aussi, je suspendis immédiatement mes fortifications et mes travaux pour m'appliquer uniquement à protéger ma poudre et je me mis à faire des sacs et des boîtes pour la répartir. Ces paquets étant dispersés, l'un ne risquerait pas de faire prendre feu à l'autre et je ne serais pas exposé à perdre toute ma poudre à la fois. Je mis bien quinze jours à finir cet ouvrage et je crois que ma poudre, dont la quantité montait à environ cent quarante livres, ne fut pas divisée en moins de cent paquets que je cachai dans les trous du rocher où je n'avais remarqué aucune trace d'humidité.

VI

Robinson organise sa vie.

Pendant tout le temps que dura cette besogne, je ne
laissai jamais passer une journée sans aller dehors au
moins une fois, soit pour me divertir, soit pour tuer
quelque animal pour ma nourriture, soit encore pour
découvrir ce que l'île produisait. La première fois que je
sortis, je me rendis compte qu'il y avait des boucs, ce
qui me donna beaucoup de joie; mais cette joie tomba
un peu quand je m'aperçus que ces animaux étaient si
sauvages, si rusés et si légers à la course qu'il n'y avait
rien au monde de plus difficile que de les approcher.
Cependant, je ne perdis pas courage et me mis à étudier
leurs allées et leurs venues. J'observai bientôt que si
j'étais dans la vallée et eux sur les rochers, ils prenaient
peur et fuyaient avec une vitesse extrême; mais au con-

traire, s'ils étaient à paître dans la vallée et moi à me promener sur les rochers, ils ne remuaient pas et ne prenaient même pas garde à moi. J'en conclus qu'ils avaient la vue tellement tournée en bas qu'ils ne voyaient pas aisément les objets placés au-dessus d'eux et que, pour les chasser avec succès, il me faudrait d'abord monter sur les rochers d'où je les dominerais. En effet, au premier coup que je tirai, je tuai une chèvre qui avait auprès d'elle un petit chevreau. Je chargeai la mère sur mes épaules et, tandis que je l'emportais, le petit me suivit jusqu'à mon enclos. Là, je déposai la chèvre et prenant le chevreau entre mes bras, je le portai par-dessus la palissade dans l'espérance de l'apprivoiser, mais il ne voulut pas manger, ce qui m'obligea à le tuer et à le manger moi-même.

Ma vie commençait ainsi à s'organiser depuis le trentième jour de septembre où je mis pied à terre pour la première fois dans cette île déserte. Le soleil, étant dans l'équinoxe d'automne, dardait presque perpendiculairement ses rayons sur ma tête; la situation de mon île devait donc être à peu près de neuf degrés de latitude au nord de l'équateur.

Après dix ou douze jours il me vint à l'idée que faute de cahiers, de plumes et d'encre pour noter la succession des jours, je perdrais la notion du temps. Pour éviter cela, je dressai près du rivage un grand poteau carré et croisé avec cette inscription : *Je suis venu dans cette île le 30 septembre 1659.* Sur les côtés de ce poteau, je marquais chaque jour un cran.

Tous les sept jours j'en marquais un doublement grand
et tous les premiers du mois un autre qui surpassait doublement celui du septième jour. C'est de cette manière
que je tenais mon calendrier ou mon calcul de semaines,
de mois et d'années.

Je crois n'avoir pas dit que nous avions dans le vaisseau deux chats et un chien dont l'histoire est mêlée à
la mienne. J'emportai les deux chats avec moi; quant
au chien, il sauta lui-même du vaisseau dans la mer et
vint me trouver à terre le lendemain du jour où j'amenai
ma première cargaison. Pendant plusieurs années, il remplit auprès de moi les fonctions d'un serviteur et d'un
camarade fidèle. Il ne me laissait jamais manquer de ce
qu'il était capable d'aller chercher et il employait toutes
les finesses de l'instinct pour me tenir bonne compagnie.
Il n'y a qu'une seule chose que j'aurais fort désiré mais
à laquelle je ne pus parvenir, c'était de le faire parler.

J'ai raconté comment j'avais renfermé tous mes effets
dans mon enclos et dans la cave. Mais au début, tout
cela n'était encore qu'un tas confus de meubles et d'outils
qui, faute d'être bien rangés, tenaient tant de place qu'il
ne m'en restait pas pour me remuer. C'est pourquoi je
me mis à élargir ma caverne et, tout en creusant, je parvins à me faire jour à travers le rocher et à pouvoir
sortir par une porte indépendante de ma palissade et de
mes fortifications. Je gagnai assez d'espace pour songer à
placer quelques meubles, c'est pourquoi je m'appliquai
à fabriquer ceux qui m'étaient le plus indispensables. Je
commençai par une chaise et une table, mais je n'avais

jamais rien fait de semblable. Cependant, par mon
travail, par mon application, par mon industrie, j'acquis
tant d'habileté que j'aurais pu, je crois, faire toutes les
choses qui me manquaient si j'avais eu seulement les
outils nécessaires. Même sans outils, avec le seul secours
d'une hache et d'un rabot, je vins à bout de plusieurs
ouvrages. Si, par exemple, je voulais avoir une planche,
je n'avais d'autre moyen que celui de couper un arbre,
le poser devant moi, le tailler des deux côtés pour le
rendre suffisamment mince et l'aplanir ensuite avec mon
rabot. Il est bien vrai que, par cette méthode, je ne
pouvais faire qu'une seule planche d'un arbre entier,
mais il n'y avait à cela d'autre remède que la patience.

Je fis donc tout d'abord ma chaise et ma table, mais
en utilisant, pour cela, les morceaux de planches que
j'avais amenées du vaisseau sur mon radeau. Ensuite,
pour économiser ma réserve, je fis d'autres planches selon
le moyen que j'ai indiqué plus haut et je les plaçai
l'une au-dessus de l'autre tout le long d'un côté de ma
caverne pour y mettre mes outils, mes clous, ma ferraille,
en un mot, pour ranger toutes choses et les retrouver
plus aisément. Puis, j'enfonçai des chevilles dans la
muraille du rocher pour pendre mes fusils et tout ce
qui pouvait être suspendu.

Cependant, je m'apercevais dans l'administration de
mon ménage que bien des ressources me faisaient défaut.
Par exemple, je n'avais pas de chandelle, et il m'était
bien incommode de m'en passer car j'étais obligé d'aller
au lit dès qu'il faisait nuit. L'unique remède que je pus

trouver à cela fut de conserver la graisse des boucs que je tuais. En même temps, je fis sécher au soleil un plat de terre que je m'étais façonné et, prenant du fil de caret pour me servir de mèche, je trouvai le moyen de me faire une lampe.

Au milieu de tous mes travaux il m'arriva un jour, en fouillant dans mes meubles, de trouver le sac qui avait contenu des grains pour nourrir la volaille emportée sur le vaisseau; ce qu'il renfermait encore de blé avait été rongé par les rats, il me semblait qu'il ne restait que des écorces et de la poussière. Comme j'avais besoin de ce sac pour un autre usage, j'allai le vider et en secouer les restes au pied du rocher, à côté de mes fortifications. Cela arriva un peu avant les grandes pluies et, j'avais tout à fait oublié la chose, lorsque, environ un mois plus tard, j'aperçus, par-ci, par-à, quelques tiges qui sortaient de terre et que je pris d'abord pour des plantes inconnues. Mais, quelque temps après, je fus tout étonné de voir dix ou douze épis qui avaient poussé et qui étaient d'une orge verte parfaitement bonne et de la même espèce que celle d'Europe. Je ne manquai pas de moissonner ces épis dans la saison convenable qui était la fin du mois de juin, serrant jusqu'au moindre grain. Je résolus de tout semer, dans l'espérance qu'avec le temps j'en aurais assez pour faire mon pain, et pourtant quatre ans se passèrent avant que je pusse en goûter. Mais je reparlerai de cela en temps voulu et je vais reprendre mon récit à la date où je l'ai laissé, qui est le 7 avril 1660.

VII

L'île tremble et Robinson réfléchit.

Ce jour-là, je crus voir s'écrouler tous mes travaux et je pensai moi-même perdre la vie. Comme j'étais occupé derrière ma tente, je fus tout à coup épouvanté de voir que la terre s'éboulait du haut de ma voûte et de la cime du rocher qui pendait sur ma tête. Deux des piliers que j'avais placés dans ma caverne craquèrent horriblement. Ne sachant point quelle était la cause de cela et craignant d'être enterré vif, je m'enfuis au plus vite vers mon échelle et, ne m'y croyant pas encore en sûreté, je passai par-dessus ma muraille. A peine avais-je le pied à terre de l'autre côté de ma palissade que je vis clairement qu'il y avait un tremblement de terre horrible. Trois fois le terrain où j'étais trembla sous mes pieds. Entre chaque reprise il y eut un intervalle d'en-

viron huit minutes et les trois secousses furent si prodi-
gieuses que tout le côté d'un rocher situé environ à un
demi-mille de moi tomba avec un bruit qui égalait celui
du tonnerre.

La frayeur glaçait mon sang dans mes veines, mais,
au bout de quelque temps, voyant que les trois premières secousses n'étaient suivies d'aucune autre, je
commençai à reprendre courage sans encore oser toutefois
rentrer dans mon habitation. Je demeurais assis à terre,
incertain du parti que je devais prendre.

Tout à coup, je vis le ciel s'obscurcir, puis le vent
s'éleva et un ouragan furieux se déchaîna. La mer fut
démontée par une tempête sauvage qui dura environ trois
heures, après quoi, le calme revint et la pluie se mit à
tomber à torrents. Il continua de pleuvoir toute la nuit
et une partie du lendemain, tellement qu'il n'y eut pas
moyen de mettre le pied dehors. J'employai ce temps à
réfléchir, me disant que si l'île était sujette à des trem-
blements, il ne fallait point établir ma demeure dans une
caverne, mais songer à me bâtir une cabane dans un
lieu découvert et dégagé où je me protégerais à l'aide
d'une muraille comme la première.

Pendant plusieurs jours, mon esprit ne fut pas occupé
d'autre chose que de l'endroit propice à y transporter ma
demeure. Cependant, quand je regardais le bel ordre où
j'avais mis toutes choses, quand je réfléchissais combien
j'étais agréablement caché, combien j'avais peu à craindre
les irruptions, j'éprouvais beaucoup de répugnance à
déménager. D'autre part, je me représentais tout le temps

qu'il me faudrait pour édifier de nouveaux ouvrages, si
bien que je résolus à la fois de me mettre à l'œuvre
pour entreprendre des constructions nouvelles et d'attendre,
pour déloger, que mon nouveau travail fût complètement
achevé.

Dès le matin du 22 avril je songeai aux moyens
d'exécuter mon dessein, mais j'étais fort mal servi par
mes outils. J'avais bien trois grandes besaiguës et un
grand nombre de haches; malheureusement, ces instruments, à force de charpenter et de couper du bois
dur et noueux, avaient le tranchant tout édenté et
émoussé.

Je possédais bien, il est vrai, une pierre à aiguiser,
mais je ne savais pas comment la faire tourner pour m'en
servir. Je cherchai longtemps, et, à la fin, pour donner
le mouvement à la pierre avec mon pied et garder mes
deux mains libres, j'imaginai une roue attachée à un
cordon. Il faut noter que je n'avais jamais vu une telle
invention en Angleterre, bien qu'elle y fût d'un usage
courant. Mais ma pierre était si grosse et si lourde que
cette machine me coûta une semaine entière de travail
pour l'achever. Cependant, je parvins à la rendre si
parfaite qu'elle fonctionna à merveille pendant les deux
jours que je passai ensuite à aiguiser mes outils.

Le premier jour de mai, en regardant le matin vers
la mer alors que la marée était basse, je vis quelque
chose d'assez gros sur le rivage. Cela ressemblait assez à
un tonneau. En approchant, je vis qu'il s'agissait d'un
petit baril et de deux ou trois débris du vaisseau poussés

à terre par le dernier ouragan, puis j'allai près du vaisseau que je pouvais voir sur le sable.

Je me rendis compte qu'il avait été passablement
déplacé car, à présent, il m'était facile d'aller à pied
jusqu'à lui quand la mer se retirait. Je fus d'abord très
étonné, mais je conclus bientôt que c'était là un effet du
tremblement de terre; d'ailleurs, les secousses l'avaient
brisé et entr'ouvert beaucoup plus qu'il ne l'était auparavant, si bien que la mer détachait peu à peu ses différentes parties que les vents et les flots amenaient jusque
sur le sable.

Voyant cela, je me dis que le plus pressé était, non
de commencer ma nouvelle habitation, mais de mettre
en morceaux tout ce qui restait du vaisseau, persuadé
que j'en trouverais l'usage.

Cette besogne m'occupa jusqu'au milieu de juin :
j'eus le plaisir de tirer plusieurs pièces de charpente,
nombre de planches, deux ou trois cents livres de fer.
En fin de compte j'avais amassé du merrain [1], des planches et du fer en assez grande quantité pour construire
un bateau, si j'avais su comment m'y prendre, et j'avais
encore enlevé, peu à peu, près de cent livres de plomb
roulé. Entre temps, j'allais à la pêche avec une grande
ligne faite de fil de corde, mais je n'avais point
d'hameçon. Cependant, je prenais assez de poissons, du
moins autant que j'en pouvais consommer : tout l'apprêt
que j'en faisais, c'était de le sécher au soleil, après quoi,
je le mangeais.

1. Merrain, bois de chêne débité en menues planches et en douves de tonneaux.

VIII

Les ressources de l'île.

Le 16 juin, en marchant vers la mer, je trouvai une grosse tortue qui était la première que j'eusse encore vue dans l'île. Pourtant, ces animaux n'y étaient pas rares ; je découvris plus tard que je n'aurais eu qu'à aller de l'autre côté de l'île pour en avoir chaque jour des milliers.

J'employai le lendemain à préparer ma tortue qui contenait soixante œufs. Comme depuis mon isolement je n'avais guère goûté d'autre viande que celle des chèvres et d'une espèce de pigeons, la chair m'en parut la plus savoureuse et la plus délicieuse du monde.

Le 18 juin fut un jour de pluie, et cette pluie me

sembla plus froide que de raison. C'est que je commençais à avoir un accès de fièvre qui, avec des hauts et
des bas, dura dix jours consécutifs. Pendant tout ce
temps, je fus dévoré par la soif, mais j'étais trop faible
pour aller chercher de l'eau. Aussi, dès que je me sentis
mieux, mon premier soin fut-il de remplir d'eau une
grande bouteille carrée et de la mettre sur la table près
de mon lit.

Cette fièvre m'avait considérablement affaibli et,
pendant quelques jours, je ne fis guère autre chose que
de courtes promenades comme un convalescent.

Mais le 15 juillet, me sentant tout à fait bien,
j'entrepris de faire une véritable visite de l'île que je ne
connaissais pas encore dans son ensemble et exactement.
J'allai d'abord à la petite baie où j'avais abordé avec
tous mes radeaux. Je marchai le long de la rivière, et,
quand j'eus fait environ deux mille en montant, je trouvai
que la marée n'allait pas plus loin, qu'il n'y avait plus
là qu'un petit ruisseau coulant dont l'eau était fort douce
et fort bonne.

Sur les bords de ce ruisseau, s'étendaient plusieurs
prairies agréables, unies et couvertes d'une belle verdure.
En s'éloignant du lit, elles s'élevaient insensiblement et
dans leur partie la plus haute, je trouvai quantité de
tabac vert croissant sur une tige extrêmement haute, et
plusieurs cannes à sucre, mais sauvages et imparfaites
faute de culture.

Le lendemain 16, je repris le même chemin et
m'étant avancé un peu plus loin je vis qu'au delà des

4

prairies la campagne commençait à être couverte de
bois. Je trouvai là plusieurs sortes de fruits et particulièrement des melons qui couvraient la terre, des raisins
qui pendaient sur les arbres et dont la grappe riante et
pleine était prête pour la vendange. Cette découverte
me causa autant de surprise que de joie. Mais je voulus
modérer mon appétit et j'eus l'idée de préparer ce fruit
d'une manière excellente en le faisant sécher au soleil
après l'avoir coupé, pour le garder comme on garde en
Europe ce qu'on appelle les raisins secs.

Je passai là toute la journée, et, sur le tard, je ne
jugeai pas à propos de rentrer au logis. La nuit étant
venue, je choisis un logement tout semblable à celui qui
m'avait abrité à mon premier abord dans l'île : un arbre
bien touffu sur lequel je m'installai commodément et
dormis d'un profond sommeil. Le lendemain matin, je
continuai ma découverte en marchant près de quatre
milles. J'arrivai alors dans une contrée si tempérée, si
verte, si fleurie, qu'on l'aurait prise pour un véritable
jardin : il était aisé de voir qu'il y régnait un printemps
perpétuel. J'y vis une grande quantité de cacaoyers,
d'orangers, de limonniers, de citronniers, qui tous étaient
sauvages mais portaient cependant des fruits fort agréables.

Voyant une telle abondance, j'eus l'idée de faire
une ample cueillette en prévision de la saison pluvieuse
dont je devinais l'approche.

Je récoltai une grande quantité de ces raisins et les
suspendis au bout des branches des arbres pour les
sécher et les cuire au soleil. Quant aux limons et aux

citrons, j'en emportai autant qu'il en fallait pour plier presque sous ma charge.

Tout en rentrant chez moi, j'admirais la fécondité de cette vallée, les charmes de sa situation, l'avantage qu'il y aurait à s'y établir à l'abri des orages du vent d'est, derrière ces bois et ces coteaux. Je conclus que l'endroit où j'habitais était le plus mauvais de l'île; je décidai cependant de ne pas le quitter car il était proche de la mer par laquelle pourrait peut-être m'arriver, un jour, quelque compagnon.

Mais ce nouvel endroit me plaisait tant que je ne pus m'empêcher d'y construire une petite métairie au milieu d'une enceinte assez spacieuse. Cette enceinte était entourée d'une double haie bien palissadée, aussi haute que je pouvais atteindre et toute remplie, en dedans, de menu bois. Je couchais quelquefois deux ou trois nuits consécutives dans cette seconde forteresse, passant et repassant par-dessus la haie avec une échelle comme je faisais dans la première. Dès lors, je me regardai comme un homme qui avait deux maisons, l'une sur la côte pour veiller au commerce et à l'arrivée des vaisseaux, et l'autre à la campagne pour faire la moisson et la vendange. Les ouvrages et le séjour que je fis en ces lieux durèrent jusqu'au 1ᵉʳ août.

Je commençais à peine à jouir de mes travaux lorsque les pluies vinrent m'en déloger et me chasser dans ma première habitation d'où je ne pus pas sortir de si tôt. Heureusement j'avais, auparavant, enlevé mes raisins de dessus les arbres, les trouvant parfaitement secs, bien cuits au soleil, en un mot, excellents. J'en avais plus de deux cents grappes que j'eus le temps de dépendre et de transporter chez moi pour les serrer dans ma caverne. Les pluies qui commencèrent le 14 août durèrent jusqu'à mi-octobre. Elles se ralentissaient quelquefois, mais de temps en temps, elles étaient si violentes, que je ne pouvais bouger de ma caverne pendant plusieurs jours.

Pendant cette longue retraite, je commençai à me trouver un peu à court de vivres, mais, m'étant hasardé deux fois à aller dehors, je parvins à tuer un bouc et trouvai une grosse tortue qui fut pour moi un grand régal. Je réglais mes repas de la manière suivante : je mangeais une grappe de raisin pour mon déjeuner; un morceau de bouc ou de tortue grillée pour mon dîner, puis, à souper, deux ou trois œufs de tortue faisaient mon affaire.

Le 30 septembre arriva, fixant l'anniversaire de mon funeste débarquement. Je calculai les crans marqués sur mon poteau et je trouvai qu'il y avait bien trois cent soixante-cinq jours que j'étais à terre. Je m'apercevais déjà de la régularité des saisons; je ne me laissais plus surprendre ni par la pluvieuse, ni par la sèche, et savais me pourvoir et pour l'une et pour l'autre. Mais avant d'acquérir toute l'expérience nécessaire, j'essuyai bien des mécomptes, en particulier au sujet de mon orge et de mon riz dont j'ai parlé précédemment.

J'avais bien récolté trente épis de ce riz et vingt de cette orge qui avaient poussé de manière si inattendue, et je crus que c'était maintenant le temps de semer leurs grains, puisque les pluies étaient passées.

Je cultivai donc une pièce de terre le mieux que je pus avec une pelle de bois, et, après l'avoir partagée en deux parts, je l'ensemençai. Heureusement, l'idée me vint que je ferais bien de ne pas tout employer cette première fois et je ne risquai guère plus des deux tiers de ma semence. Je me félicitai dans la suite de m'y être pris avec cette précaution. De tout ce que j'avais semé, pas un grain ne vint à maturité parce qu'aux mois suivants la terre tout à fait sèche manqua de l'humidité nécessaire à la germination.

Voyant que ma première semence ne croissait point, je cherchai un autre champ pour faire un nouvel essai. Je préparai donc une pièce de terre près de ma nouvelle métairie et je semai le reste de mon grain en février. Cette semence ayant les mois de mars et d'avril pour l'humecter, poussa fort heureusement et fournit la plus belle récolte que je pusse attendre. Seulement, comme cette seconde semaille n'était qu'un reste de la première et que je n'avais pas osé la risquer entièrement, je n'eus en définitive qu'une toute petite moisson, à peine deux picotins[1], l'un de riz, l'autre d'orge. Mais cette expérience me rendit maître consommé; je sus alors exactement quand il fallait semer et comment je pouvais faire deux semailles et recueillir deux moissons.

---

1. Picotin : quantité d'avoine donnée au cheval pour un repas.

IX

Où Robinson trouve deux compagnons :
un perroquet et un chevreau.

J'avais appris à mes dépens combien les pluies étaient
contraires à la santé ; c'est pour cette raison que je faisais toutes mes provisions d'avance, crainte d'être obligé
d'aller dehors pendant les mois pluvieux. Mais il ne faut
pas s'imaginer que je fusse oisif dans ma retraite. J'y trouvais
assez d'occupations car je manquais encore d'une infinité
de choses dont je ne pouvais me pourvoir que par un
travail rude et une application continuelle.

Par exemple, je voulus me fabriquer un panier et je
m'y pris de plusieurs manières, mais les verges que j'em-
ployais cassaient toujours. Ce n'est pas la méthode qui
me manquait car, tout petit garçon, je fréquentais avec

grand plaisir la boutique d'un vannier à qui je rendais volontiers de petits services et j'avais soigneusement remarqué la manière dont il travaillait. C'étaient les matériaux qui me faisaient défaut, mais heureusement il me vint à l'esprit que les menues branches de l'arbre sur lequel j'avais coupé les pieux de ma maison de campagne pourraient bien être aussi flexibles que celles du saule ou de l'osier d'Angleterre. J'allai donc le lendemain couper quelques verges de l'arbre dont je viens de parler et je les trouvai tout à fait propres à l'usage que j'en voulais faire. Aussi, j'y retournai bientôt après avec une hache pour couper une grande quantité de ces menues branches. Je les étendis dans mon enclos pour les sécher et, dès qu'elles furent à point, je les portai dans ma caverne où, pendant la saison suivante, je m'occupai à faire bon nombre de paniers, pour transporter soit de la terre, soit des fruits. J'en fis aussi quelques-uns de très forts pour serrer mon grain au lieu de le mettre dans des sacs lorsqu'il me viendrait une forte récolte.

Après ce gros travail je me demandai s'il ne me serait pas possible de pourvoir à l'extrême besoin que j'avais de deux choses. Premièrement, je manquais de pots et de vases. Je n'avais pas seulement un ustensile pour faire cuire quoi que ce fût, excepté une marmite que j'avais sauvée du vaisseau mais qui était beaucoup trop grande pour mon usage. La seconde chose que j'aurais bien voulu posséder était une pipe, mais pendant longtemps il me sembla impossible de la fabriquer.

Ne sachant pas encore de quelle manière m'y

prendre pour réaliser ces deux désirs, je décidai d'achever ma découverte de l'île en poussant de l'autre côté de ma métairie jusqu'au rivage de la mer.

De là, comme il faisait un temps très clair, j'aperçus distinctement une terre. Je ne pouvais dire si c'était une île ou un continent, mais je voyais qu'elle était très haute, s'étendant de l'Ouest au Sud-Ouest, et qu'elle était distante d'au moins quinze lieues.

Tout ce que je pouvais savoir de cette terre, c'est qu'elle était en Amérique du Sud. En réfléchissant, et en songeant que je n'avais jamais vu passer de vaisseaux, je conclus que cette côte devait s'étendre entre le Brésil et la Nouvelle-Espagne [1] car je savais que ce pays était une retraite de sauvages.

Je continuais à cheminer en faisant ces réflexions. Ce côté de l'île me parut charmant avec ses plaines verdoyantes émaillées de fleurs, ses bois hauts et touffus. Je vis quantité de perroquets et j'aurais bien voulu en attraper un pour lui apprendre à parler. Je parvins à en abattre un jeune d'un coup de bâton. Je le relevai, le réchauffai entre mes vêtements et ma poitrine, si bien qu'il reprit ses sens et que je pus l'emporter chez moi. Mais je reviendrai à lui un peu plus tard.

Ce voyage se prolongea un peu plus que je ne l'avais souhaité car, pendant trois ou quatre jours, il fit un temps sombre pendant lequel je ne pus voir le soleil et par conséquent me diriger. Si bien que je regagnai le bord de la mer et rentrai par le même chemin.

1. Nouvelle-Espagne : les colonies espagnoles en Amérique du Sud.

Pendant cette course, mon chien surprit un jeune chevreau et le saisit. J'accourus et fus assez rapide pour sauver ce petit animal de la gueule du chien et le prendre en vie. J'avais le grand désir de le transporter au logis car je ruminais depuis longtemps déjà le projet de prendre un couple de ces jeunes animaux et de les élever pour me constituer un troupeau de chèvres domestiques. Je fis un collier pour cette petite bête et à l'aide d'une corde que j'y attachai, je l'emmenai à ma suite jusqu'à ma métairie. Je l'y enfermai et le laissai là car j'avais bien hâte d'être de retour chez moi après cette absence qui avait duré un mois.

Je ne saurais exprimer la joie que j'éprouvai à revoir mon ancien foyer et à me reposer dans mon lit après tant de nuits passées sur les arbres. Ma maison me semblait une demeure parfaite où rien ne manquait. Tout ce qui était autour de moi m'enchantait et je résolus de ne plus jamais m'éloigner pour un temps si considérable. Je gardai la maison pendant une semaine pour goûter la douceur du repos et me mis en devoir de construire une cage pour mon perroquet, Il commençait déjà à être de la famille et nous nous connaissions parfaitement, lui et moi. Ensuite, je pensai au pauvre chevreau que j'avais enfermé dans l'enceinte de la métairie et je trouvai bon de l'aller chercher ou du moins de lui porter à manger. Je le retrouvai à l'endroit où je l'avais laissé, mais à demi-mort faute de pâture. Je lui coupai de petites branches d'arbres et d'arbrisseaux parmi les plus tendres que je pus trouver et les lui

jetai. Quand il eut mangé, je l'attachai comme la première fois et me mis à l'amener. La faim dont il avait
souffert l'avait rendu si souple qu'il me suivait comme
un jeune chien. Je pris grand soin de lui, le nourrissant
et le caressant tous les jours. En peu de temps il devint
si gentil, si familier, si attaché, qu'il ne voulut jamais
me quitter et fut agrégé au nombre de mes animaux
domestiques.

X

Robinson cultive son champ.

Le 30 septembre revint, deuxième anniversaire de
mon arrivée dans l'île où peu à peu je m'étais accoutumé
à ma solitude et résigné à ma destinée. Je me réjouis-
sais de faire, à la fin de l'automne, une belle récolte de
grains lorsque je m'aperçus tout à coup que j'étais en
danger de la perdre. Les premiers ennemis de ma culture
furent les boucs et d'autres animaux qui ressemblaient à
des lièvres. Ayant apprécié la saveur du blé en herbe,
ils y demeuraient campés nuit et jour, le mangeant à
mesure qu'il poussait.

Je ne vis point d'autre remède à ce mal que d'en-
clore mon champ d'une haie. Je fis ce travail avec beaucoup de peine et de sueur, d'autant plus que la chose
était pressée. Cependant, comme la terre que j'avais uti-

lisée n'était pas très étendue, j'eus terminé au bout de trois semaines. Et, pour mieux donner la chasse aux maraudeurs dont je tuais quelques-uns pendant le jour, j'attachais mon chien, pendant la nuit, à un poteau de l'enclos d'où il s'élançait çà et là et aboyait continuellement de toutes ses forces.

De cette manière, les ennemis furent obligés d'abandonner la place et bientôt je vis mon blé croître, prospérer et mûrir à vue d'œil. Mais si les bêtes sauvages avaient fait du dégât dans ma moisson en herbe, les oiseaux la menaçaient d'une ruine entière maintenant qu'elle paraissait couronnée d'épis. Je ne savais comment les faire fuir et me résignais à faire sentinelle jour et nuit avec mon fusil lorsque j'eus l'idée de suspendre à une espèce de gibet les premiers que je tuai. Cela produisit un effet merveilleux. Non seulement les oiseaux ne vinrent plus picorer dans mon champ, mais encore ils abandonnèrent tout ce canton de l'île et je n'en vis plus aucun dans le voisinage tant que dura l'épouvantail.

Je fis ma récolte vers la fin de décembre qui est dans ce climat la saison de la seconde moisson.

Avant de commencer cette corvée, je n'étais pas peu intrigué de savoir comment je suppléerais à une faucille, car il m'en fallait une. Je ne trouvai pas d'autre solution que d'en fabriquer une du mieux que je pus avec un des sabres ou des coutelas que j'avais sauvés du vaisseau. Comme ma récolte était peu de chose, je parvins à me tirer d'affaire avec ce médiocre outil ; d'ailleurs je ne coupais que les épis que j'égrenais ensuite entre mes mains. J'eus le plaisir de voir que le demi-picotin que j'avais semé me donnait près de deux boisseaux d'orge, du moins autant que je pouvais le supposer car je n'avais aucune mesure. Mais je résolus de ne pas toucher à cette récolte afin de pouvoir l'employer tout entière en semence la saison prochaine et je me promis d'arriver, d'ici là, à perfectionner l'art de labourer.

C'est une chose étonnante, à laquelle on réfléchit peu d'ordinaire, que les préparatifs qu'il faut faire, le travail qu'il faut exécuter, les formes différentes qu'il faut donner à son ouvrage avant de pouvoir produire, dans la perfection, ce qu'on appelle un morceau de pain.

C'est ce que je reconnus à mon grand dommage, moi qui étais réduit à un état de pure nature. Non seulement je n'avais point de charrue pour retourner la terre, mais je n'avais même pas de bêche.

J'avais bien remué la terre avec la pelle de bois dont j'ai parlé, mais comme elle n'était point garnie de fer tout autour, elle s'usa très vite et rendit ma besogne plus difficile. Après les semailles, j'aurais eu besoin d'une herse, mais, n'en ayant point, je me voyais obligé de passer sur la terre une grosse branche d'arbre que je trainais derrière moi et avec laquelle je puis bien dire que je grattais plutôt que je ne hersais.

Quand mon grain était en herbe, en épi ou en nature, de combien de choses n'avais-je pas besoin pour le fermer d'un enclos, en écarter les bêtes, le faucher, le sécher, le voiturer, le battre, le vanner et le serrer? Après cela, il me fallait un moulin pour moudre, un

tamis pour passer la farine, du levain et du sel pour faire fermenter la pâte et un four pour cuire mon pain.

Mais je ne me décourageai pas en songeant à tout ce qui me manquait et commençai par le commencement. Je ne pouvais point préparer la terre sans me faire une bêche; je ne passai pas moins d'une semaine à fabriquer cet instrument, et encore était-il si rude et si mal fagoté que mon labourage en fut une fois plus pénible. J'y arrivai cependant et semai mon grain sur deux pièces de terre plates et unies, les plus proches de la maison que je pus trouver et les entourai d'une bonne haie. Cet ouvrage m'occupa bien durant trois mois parce que, pendant une partie du temps, ce fut la saison pluvieuse et je ne pus sortir que rarement.

Les jours où les pluies me confinaient à la maison, je m'amusais à parler à mon perroquet, si bien qu'il apprit à parler lui-même et à dire son nom et son surnom qui étaient *Perroquet Mignon* et qui étaient aussi les premières paroles que j'eusse entendu prononcer dans l'île par une autre voix que la mienne. Les entretiens que j'avais avec lui me délassaient de mes occupations qui étaient alors graves et importantes. J'avais résolu de me façonner quelques pots, mais de les faire aussi grands que possible, semblables à des jarres, afin de pouvoir contenir tout ce que je voudrais mettre dedans, mon grain par exemple.

XI

Robinson potier et boulanger.

Le lecteur aurait pitié de moi, ou plutôt il rirait, si je lui disais de combien de manières bizarres je m'y pris pour essayer de mener à bien mon travail de potier; combien de mes ouvrages furent étranges et difformes; combien tombèrent en morceaux parce que l'argile n'était pas assez ferme pour soutenir son propre poids; combien se fêlèrent à la trop grande ardeur du soleil; combien se brisèrent en les changeant de place. Bref, quand je me fus donné un mal inouï pour trouver la terre, l'arracher, l'apprêter, la mettre en œuvre, je ne pus pas faire plus de deux vases que je n'oserais appeler jarres et qui me coûtèrent pourtant près de deux mois d'efforts.

Néanmoins, comme ces deux vases s'étaient bien cuits et durcis au soleil, je les soulevai adroitement et les mis dans

6

deux grands paniers d'osier que j'avais faits exprès pour les empêcher de se casser. Comme il y avait du vide entre le pot et le panier, je le remplis tout à fait avec de la paille de riz et d'orge, comptant que ces deux pots se tiendraient toujours secs et me serviraient à conserver mon grain d'abord, ma farine ensuite.

Si je n'avais pas été très heureux dans ma fabrication des grands vases, je fus assez content du succès que me donnèrent les petits, comme des pots ronds, des plats, des cruches, des terrines. L'argile prenait sous ma main toutes sortes de figures et elle recevait du soleil une dureté surprenante.

Cependant, tout cela ne répondait pas à un autre de mes désirs qui était d'avoir un pot de terre capable de contenir des choses liquides et de supporter le feu. Mais au bout de quelque temps, il arriva qu'ayant fait un bon feu pour rôtir mes viandes, je trouvai, en fourgonnant dans le foyer, un morceau de ma vaisselle de terre qui était cuit, dur comme une pierre et rouge comme une tuile.

Ce fut une joyeuse surprise et je me dis qu'assurément mes pots pourraient très bien cuire entiers puisque les morceaux en cuisaient si parfaitement.

Je cherchai donc le moyen de disposer mon feu pour opérer la cuisson de mes pots. Je n'avais aucune idée du genre de fourneau dont se servent les potiers, ni du vernis dont ils enduisent la vaisselle et ne savais pas que le plomb dont je disposais aurait été bon pour cela. Mais, à tout hasard, je plaçai sur un gros tas de cendre trois grandes cruches sur lesquelles je disposai trois pots plus petits. Je fis tout autour un feu de bois qui flambait si bien que je vis bientôt rougir mes vases. Je les laissai dans cette température pendant cinq ou six heures jusqu'au moment où je m'aperçus que l'un d'eux commençait à fondre. Le gravier qui se trouvait mêlé à l'argile se liquéfiait sous l'ardeur des flammes et se serait transformé en verre si j'eusse continué. Aussi je me mis à tempérer peu à peu mon brasier et restai debout toute la nuit de peur que le feu ne s'abattît trop soudainement. A la pointe du jour, je me vis enrichi de trois cruches qui étaient, je ne dirai pas belles, mais très bonnes, et de trois autres pots de terre aussi bien cuits qu'on pouvait le souhaiter. L'un d'eux même, grâce à la fonte du gravier, était recouvert d'un vernis parfait.

Ma joie fut vive de me trouver en possession de vases qui supporteraient le feu. A peine furent-ils refroidis que j'en plaçai un sur le foyer avec de l'eau dedans pour me faire bouillir de la viande, ce qui réussit parfaitement. Je me fis ainsi un excellent bouillon avec un morceau de chèvre et je me félicitai de pouvoir manger désormais autre chose que de la viande grillée.

Une fois en possession de mes pots je n'eus plus d'autre idée que celle de me pourvoir d'un mortier de pierre pour piler mon grain. Je cherchai pendant plusieurs jours une pierre qui fût assez grosse et assez large pour être creusée; mais j'y renonçai, voyant que les rochers de l'île étaient d'une pierre graveleuse qui s'émiettait aisément et se serait broyée en même temps que le grain. Alors je songeai à trouver un gros billot qui fût d'un bois bien dur. Je choisis le plus gros que je fus capable de remuer et me mis en devoir de l'arrondir, de le façonner avec ma hache et ma doloire et de le creuser en y appliquant le feu qui est le moyen utilisé par les sauvages pour creuser leurs canots. Après cela, je fis un gros et pesant pilon avec le bois qu'on appelle bois de fer. Il me fallait aussi un tamis pour séparer la farine du son, mais c'était là une chose bien difficile. Tout ce qui me restait de toile n'était que des guenilles; j'avais bien du poil de bouc, mais je ne savais comment le filer. Enfin, je me souvins à propos qu'il y avait, parmi les hardes que j'avais sauvées du vaisseau, quelques cravates de toile de coton. C'est à quoi j'eus recours et, avec quelques morceaux de cravates, je fis trois petits tamis qui me servirent pendant plusieurs années.

Il s'agissait ensuite de trouver le moyen de faire mon pain. Voici comment j'y parvins. Je fis quelques vases de terre fort larges, mais peu profonds dont la cuisson réussit parfaitement. Quand je voulais enfourner mon pain, je faisais d'abord un grand feu sur mon foyer que j'avais pavé de briques carrées. Lorsque mon feu de bois était à peu près réduit en charbons ardents, j'étendais ces charbons sur mon âtre de façon à le recouvrir tout entier. Quand je le jugeais suffisamment chaud, j'enlevais les charbons et les cendres au moyen d'un balai, puis je posais ma pâte que je couvrais du vase de terre dont je viens de parler. Je ramassais les charbons et les cendres autour de ce vase pour y concentrer la

chaleur. De cette manière, je cuisais mes pains d'orge tout aussi bien que dans le meilleur four du monde.

Tous ces perfectionnements m'occupèrent pendant la plus grande partie de la troisième année de mon séjour dans l'île; l'agriculture et la moisson remplirent le reste. Je coupai mes céréales dans la bonne saison, les transportai au logis du mieux que je pus et conservai mes épis dans de grands paniers en attendant que j'eusse le loisir de les égrener entre mes mains car je n'avais pas de fléau pour les battre.

A présent que la quantité de mes grains augmentait, j'avais besoin d'élargir ma grange pour les loger. Mes semailles avaient été suivies d'un si gros rapport que ma dernière récolte monta à vingt boisseaux d'orge et à autant de riz. Comme cette quantité représentait ce que je pouvais consommer en un an, je n'eus pas besoin d'ensemencer plus de terrain pendant les années suivantes.

XII

Robinson construit un canot
et se confectionne des vêtements.

Tandis que ces choses se passaient, mes pensées
retournaient souvent à la découverte que j'avais faite de
la terre située vis-à-vis de l'île et le désir de traverser la
mer pour atteindre ce continent me possédait. Je ne
m'arrêtais pas à songer que je débarquerais probablement
chez des anthropophages, je me disais seulement que je
trouverais sans doute là le moyen d'aller plus loin et de
rentrer en Angleterre.

L'idée me vint d'aller visiter la chaloupe de notre
bâtiment qui, après le naufrage, avait été portée par la
tempête bien avant sur le rivage. Je la retrouvai à peu
près au même endroit, presque tournée sens dessus-dessous

contre une longue éminence de sable. J'employai tous les moyens possibles pour essayer de la redresser, mais mes efforts furent inutiles et cependant, plus l'espoir que j'avais eu de la retourner, de la réparer et de l'utiliser s'évanouissait, plus je rêvais de gagner le continent. Aiguillonné par ce désir je me demandai si je ne pourrais pas fabriquer, avec le tronc d'un arbre, un canot ou une gondole semblable précisément à celles des sauvages. Mais je ne réfléchis pas une minute à la manière dont je pourrais, moi seul, le transporter de la terre où je le préparerais jusqu'à la mer où je m'en servirais. « Faisons-le seulement, me disais-je, et, quand il sera achevé, nous trouverons dans notre imagination le moyen de le mouvoir et de le mettre à flot ».

Rien n'était plus opposé au bon sens, mais mon entêtement ayant pris le dessus, je me mis à travailler. Je commençai par couper un cèdre dont le tronc avait, en bas, cinq pieds et dix pouces de diamètre. Il me fallut vingt jours pour l'abattre, quinze jours pour l'ébrancher, un mois pour le façonner, le raboter et en faire quelque chose de semblable au dos d'un bateau. Je ne mis guère moins de trois mois à travailler le dedans et à le creuser. Je vins même à bout de ce dernier travail sans me servir de feu, en employant uniquement le marteau et le ciseau et en m'acharnant à l'ouvrage avec une assiduité que rien ne pouvait ralentir. Tant et si bien qu'à la fin, je me vis possesseur d'un canot fort beau, assez gros pour porter aisément vingt-six hommes et par conséquent suffisant pour moi et toute ma cargaison.

La seule chose qui me restait à faire, c'était de le mettre en mer, mais toutes les mesures que je pris pour le lancer dans l'eau échouèrent à cause d'une éminence qui le séparait de la baie. Cet obstacle ne m'arrêta point : je résolus de le lever entièrement avec la bêche et de transformer la hauteur en pente. J'entrepris la chose et ne saurais dire combien je peinai; il fallait que j'eusse en vue un trésor aussi précieux que celui de ma liberté pour me donner un tel courage. Mais quand je fus venu à bout de ce prodigieux effort je n'en fus pas plus avancé, il me fut aussi impossible de remuer ce canot que la chaloupe. Alors je mesurai la longueur du terrain et formai le projet de creuser un bassin ou un canal pour faire venir la mer jusqu'à mon bateau puisque je ne pouvais pas faire aller mon bateau à la mer. Je commençai l'ouvrage sans délai, mais quand j'eus calculé quelles en devaient être la largeur et la profondeur, je trouvai qu'il me faudrait bien dix ou douze ans de peine et de travail avant de l'avoir achevé. Cela me plongea dans un profond chagrin et me fit sentir, mais un peu tard, quelle folie il y avait à entreprendre un ouvrage avant d'en avoir prévu et mesuré toutes les difficultés.

C'est au milieu de cette dernière entreprise que je finis la quatrième année de mon séjour dans l'île et ma vie était alors beaucoup plus belle qu'elle ne l'avait été au commencement. Il me restait encore à me confectionner des habits, ceux que j'avais sauvés du naufrage étant usés. Je m'appliquai donc à faire une espèce de robe avec de gros surtouts [1] que j'avais tirés du vaisseau; je fis également

1. Surtout : large vêtement que l'on met sur les autres habits

deux ou trois nouvelles vestes et des culottes, mais mon travail était massacré d'une étrange façon.

J'avais conservé les peaux de toutes les bêtes que j'avais tuées, mais comme je les avais étendues au soleil, la plupart devinrent si sèches et si dures que je ne pus les employer à aucun usage. Mais de celles dont je pus me servir, je fis, premièrement, un grand bonnet en tournant le poil en dehors de façon à me mettre mieux à couvert de la pluie. Ensuite je me fabriquai une veste lâche et des culottes, car mes vêtements ordinaires me servaient plutôt contre la chaleur que contre le froid.

Tous ces travaux finis, j'employai beaucoup de temps et bien des peines à faire un parasol. J'en avais vu beaucoup au Brésil où ils sont d'un grand usage contre les chaleurs extraordinaires. Or, le climat que j'habitais était tout aussi chaud et même davantage, car j'étais plus près de l'Équateur. De plus, comme j'étais souvent obligé de sortir par la pluie, je ne pouvais me passer d'une aussi grande commodité que celle-là. Il s'écoula bien du temps avant que je pusse faire quelque chose qui fût capable de me préserver de la pluie et des rayons du soleil. Encore cet ouvrage ne put-il me satisfaire, ni deux ou trois autres que je fis ensuite. Je pouvais bien les étendre, mais je ne pouvais pas les plier ni les porter autrement que sur ma tête, ce qui me causait beaucoup d'embarras. J'en fis pourtant un qui répondit assez à mes besoins. Je le couvris de peaux en tournant le poil du côté d'en haut. J'y étais à l'abri de la pluie comme si j'eusse été sous un auvent et je marchais par les chaleurs les plus brûlantes avec plus d'agrément que je ne faisais auparavant dans les jours les plus frais. Quand je n'en avais nul besoin, je le fermais et le portais sous mon bras.

Après avoir achevé tous ces travaux, il ne m'arriva rien d'extraordinaire en l'espace de cinq ans. Ma principale occupation, entre celle de semer mon orge et mon riz, d'accommoder mes raisins et d'aller à la chasse fut, pendant ces cinq années, celle de faire un canot plus petit que le premier. Je l'achevai et, en creusant un canal profond de six pieds et large de quatre, je l'amenai dans la baie. Puis je l'équipai au mieux et y mis un mât et une voile. J'en fis l'essai et trouvant qu'il était bon voilier, je fis des boulins[1] ou des layettes aux deux extrémités afin d'y préserver mes provisions et mes munitions contre la pluie et l'eau de la mer. J'y fis encore un grand trou pour mes armes et le couvris du mieux que je pus pour le conserver sec.

Je plantai ensuite mon parasol à la poupe afin de m'y mettre à l'ombre. Je me promenais de temps en temps sur la mer, mais sans m'écarter de ma petite baie. Mais à la fin, impatient de voir la circonférence de mon royaume, je résolus d'en faire entièrement le tour. A cet effet, j'approvisionnai mon bateau. Je pris deux douzaines de pains d'orge, un pot de terre plein de riz sec dont j'usais beaucoup, une petite bouteille de rhum, la moitié d'une chèvre, de la poudre et de la dragée pour en tuer d'autres et enfin deux gros surtouts, l'un pour me servir de matelas et l'autre de couverture.

1. Boulins : perches pour soutenir la couverture.

XIII

Robinson tente un voyage autour de son île et se constitue un troupeau.

Ce fut le 6 novembre de la sixième année de mon règne ou de ma captivité (vous l'appellerez comme il vous plaira) que j'entrepris ce voyage qui fut plus long que je ne m'y attendais.

L'île en elle-même n'était pas très large, mais elle avait à l'est un grand rebord de rochers qui s'étendait à deux lieues en avant dans la mer. Les uns s'élevaient au-dessus de l'eau, les autres étaient cachés. En outre, il y avait au bout de ces rochers un grand fond de sable qui s'avançait encore d'une demi-lieue si bien que, pour doubler cette pointe, j'étais obligé de m'avancer assez loin dans la mer.

Tout en observant soigneusement les endroits où je

passerais, je remarquai, à l'est, un courant furieux qui touchait la pointe de bien près. Ce même courant régnait de l'autre côté de l'île, mais beaucoup plus loin du rivage. Je vis aussi une grande barre entre les deux courants et conclus que je franchirais aisément toutes ces difficultés si j'évitais le premier courant, car j'étais sûr de pouvoir profiter de la barre.

Je pris donc la mer le premier jour de calme, mais je n'eus pas plutôt atteint la pointe que je me trouvai dans le courant, aussi violent que pourraient l'être les écluses d'un moulin. Ce courant m'emporta, moi et mon canot, avec une telle impétuosité que je me sentais entraîné bien loin de la barre qui était à gauche. Toute manœuvre était inutile et je pensais n'avoir rien à espérer du vent qui ne soufflait pas.

Je me considérai donc comme un homme mort, car je savais bien que les deux courants devaient se rejoindre à une distance de quelques lieues et me jetteraient en pleine mer où il me faudrait peut-être faire plus de mille lieues avant de trouver le moindre rivage, île ou continent.

J'étais dans la consternation mais je travaillais cependant avec beaucoup de vigueur, m'efforçant de diriger mon canot vers la barre. J'étais toujours à une prodigieuse distance de l'île quand, par bonheur, s'éleva un vent qui me fut favorable. Je pus alors mettre à la voile et tâchai de sortir du courant. Enfin, j'atteignis la barre; je pus la traverser en la prenant obliquement et parvins de la sorte à regagner le rivage. Seulement ce rivage

était à l'opposé de celui d'où j'étais parti et il n'était
pas question pour moi de conduire par mer mon canot
dans la baie proche de ma maison : je connaissais trop
maintenant les dangers de la côte est.

Je pris donc le parti de longer un peu la rive où
j'étais et qui me paraissait fort bonne. Elle allait en se
rétrécissant jusqu'à un petit ruisseau qui s'y déversait :
j'y mis mon canot, ne pouvant pas souhaiter un meilleur
havre pour ma frégate.

En examinant les lieux, je vis que je n'étais pas éloigné
de l'endroit où j'étais arrivé après avoir traversé mon île.
Aussi, laissant toutes mes provisions dans mon canot et
prenant le fusil et le parasol, je me mis en chemin. J'arrivai
sur le soir à ma maison de campagne, j'en sautai la haie
et me couchai à l'ombre. Je m'endormis bien vite et ne fus
pas peu surpris d'entendre dans mon sommeil une voix
qui m'appelait par mon nom : « Robinson, Robinson,
Robinson Crusoé, pauvre Robinson Crusoé, où avez-vous
été, Robinson Crusoé? Où êtes-vous Robinson? Robinson
Crusoé, où avez-vous été? »

Comme j'avais ramé tout le matin et marché toute
l'après-midi, j'étais encore à moitié endormi et croyais
rêver. Mais la voix continuait de répéter : « Robinson
Crusoé, Robinson Crusoé! » Je m'éveillai enfin tout à fait
et complètement épouvanté. Cependant, je me rassurai en
voyant mon perroquet perché sur la haie. « Mais comment, me disais-je, est-il venu ici? Pourquoi est-il venu en
cet endroit plutôt qu'en tout autre? » Je ne pus me
répondre, mais je l'appelai par son nom et il vint se poser

7.

sur mon pouce, me répétant, comme s'il eût été ravi de me revoir « Pauvre Robinson Crusoé, où avez-vous été? » Je l'emportai ensuite au logis.

Pendant près d'un an je vécus retiré dans ces lieux où la destinée me tenait prisonnier, mais, sauf la société, il ne me manquait rien pour être parfaitement heureux.

J'étais arrivé à une grande perfection dans les différents métiers que j'exerçais. J'étais, en particulier, un excellent maître potier. J'avais inventé une roue admirable par laquelle je donnais à ma vaisselle, d'abord tout à fait grossière, un tour et une forme très commodes; je trouvai aussi le moyen de faire une pipe et cette invention me causa une joie extraordinaire. Bien qu'elle fût de la même couleur et de la même matière que mes autres ustensiles de terre, elle tirait a fumée et c'était là l'essentiel. Car j'aimais beaucoup à fumer, et, croyant qu'il n'y avait point de tabac dans mon île, j'avais négligé de prendre avec moi les pipes qui étaient dans le vaisseau.

Je fis aussi des progrès très considérables dans la profession de vannier. Je trouvai moyen de faire plusieurs corbeilles qui m'étaient très utiles quoique un peu mal tournées. Elles étaient aisées à porter et propres à ranger plusieurs choses et à en aller chercher d'autres. Si, par exemple, je tuais une chèvre, je la pendais à un arbre, je l'écorchais, la découpais et l'apportais au logis. Je faisais de même à l'égard de la tortue : je l'éventrais, en prenais les œufs et quelques morceaux de sa chair que je rapportais dans mon panier, laissant le superflu et l'inutile.

Ma poudre commençait maintenant à diminuer et je

ne voyais pas comment je pourrais la remplacer. Cette pensée me fit craindre pour l'avenir. Qu'aurais-je fait sans poudre? Comment aurais-je pu tuer des chèvres? Ces réflexions m'amenèrent à conclure que le moment était venu de me constituer un troupeau. Le difficile était d'attraper des chèvres qui fussent en vie. A cet effet, je tendis des filets, mais comme le fil en était faible, celles qui se prenaient s'échappaient aisément.

J'essayai ensuite le trébuchet. Je fis plusieurs creux dans les endroits où elles avaient coutume de paitre, je couvris ces creux de claies que je chargeai de beaucoup de terre en y parsemant des épis de riz et d'orge. Mais ce procédé ne réussit point.

Les chèvres venaient manger mon grain, s'enfonçaient même dans le trébuchet, mais ensuite, elles trouvaient moyen d'en sortir.

Je m'avisai enfin de tendre une nuit trois trappes; j'allai les visiter le lendemain matin et je trouvai qu'elles étaient encore tendues, mais que les appâts en avaient été arrachés. Cependant, je ne me décourageai point, et, un beau jour, je trouvai dans l'une un vieux bouc d'une grandeur extraordinaire et dans l'autre deux chevrettes et un chevreau. Le vieux bouc était si farouche que, ne sachant qu'en faire, je lui rendis la liberté. Pour les jeunes, je les tirai de leur fosse un à un et, les attachant tous trois à un même cordon, je les amenai chez moi, non sans difficulté.

Il se passa quelque temps avant qu'ils voulussent manger, mais à la fin ils se laissèrent tenter par le bon grain que je leur présentai. Et, peu à peu, j'eus le plaisir de les voir s'apprivoiser.

Puis, il me vint à l'idée de les enfermer dans un certain espace de terrain que j'entourerais d'une haie très épaisse afin qu'il leur fût impossible de se sauver. Le projet était grand, mais son exécution me semblait absolument nécessaire. Je cherchai donc une pièce de terre propre au pâturage où il y eût de l'eau pour les abreuver et de l'ombre pour les garantir des chaleurs extraordinaires du soleil. Pendant que je préparais leur enclos, je faisais paître mes chevreaux auprès de moi, avec des entraves aux jambes. Je leur donnais souvent des épis d'orge et quelques poignées de riz, si bien que lorsque je les débarrassai de leurs liens pour les mettre dans leur domaine ils me suivirent partout, sautant et bêlant.

En l'espace d'un an et demi j'eus un troupeau de douze animaux, tant boucs que chèvres et chevreaux; deux ans après j'en eus quarante-trois quoique j'en eusse tué plusieurs pour mon usage.

Ce ne fut qu'assez tard que je songeai à profiter du lait de mes chèvres, mais lorsque la pensée m'en vint je fis aussitôt une laiterie. Mes chèvres me donnaient quelquefois huit ou dix pintes[1] de lait par jour. Je n'avais jamais vu faire le beurre ni le fromage, mais après plusieurs essais j'en vins parfaitement à bout.

Ma table se garnissait ainsi de mets toujours plus abondants et plus variés et je dînais comme un Roi à la vue de toute ma cour. Mon perroquet, comme s'il eût été

---

1. Pinte : ancienne mesure de capacité qui contenait généralement 0 l. 93.

mon favori, avait seul la permission de parler. Mon chien, qui était devenu vieux et chagrin, était toujours assis à ma droite. Mes deux chats étaient l'un à un bout de la table, l'autre à l'autre bout, attendant de ma faveur quelque morceau de viande.

Ces deux chats n'étaient pas ceux que nous avions sur le vaisseau et que j'avais emmenés dans mon île. Ceux-là étaient depuis longtemps morts et enterrés, mais l'un ayant eu des petits, j'en élevai deux, tandis que les autres s'enfuirent dans les bois où ils devinrent sauvages.

J'aimerais dire maintenant en quel équipage j'apparaissais lorsque j'allais en promenade dans mon royaume. Je portais un chapeau d'une hauteur effroyable et sans forme, fait de peaux de chèvres. J'y avais attaché par derrière la moitié d'une peau de bouc qui me couvrait tout le cou. C'était à la fois pour me préserver des ardeurs du soleil et pour empêcher la pluie de pénétrer sous mes habits car, dans ces climats, rien n'est plus dangereux.

J'avais une espèce de robe courte faite, de même que mon chapeau, de peaux de chèvres. Les bords en descendaient jusque sous mes genoux; mes culottes étaient faites de la peau d'un vieux bouc. Le poil en était d'une longueur si extraordinaire qu'il descendait jusqu'au milieu de mes jambes. Je n'avais ni bas ni souliers, mais je m'étais fait, pour me couvrir les jambes, une paire de je ne sais quoi qui ressemblait néanmoins assez à des bottines, et que j'enlevais comme on fait des guêtres. Elles étaient, de même que tous mes autres vêtements, de forme étrange et barbare.

J'avais un ceinturon fait de même étoffe que mes habits. Au lieu d'une épée et d'un sabre, je portais une scie et une hache, l'une d'un côté, l'autre de l'autre. J'avais, de plus, une sorte de baudrier à l'extrémité duquel pendaient deux poches faites de même matière que le reste. Dans l'une je mettais ma poudre, dans l'autre ma dragée[1]. Sur mon dos, je portais une corbeille, sur mes épaules un fusil et sur ma tête un parasol assez grossièrement travaillé mais qui pourtant, après mon fusil, était ce dont j'avais le plus besoin.

Mon visage n'était pas aussi brûlé par le soleil qu'on aurait pu le croire. Quant à ma barbe, je l'avais d'abord laissé croître jusqu'à la longueur d'un quart d'aune[2], mais comme j'avais des ciseaux et des rasoirs, je la coupais maintenant d'assez près, sauf celle qui me croissait sur la lèvre supérieure et formait deux belles moustaches. Je ne dirai pas que ces moustaches étaient si longues que j'aurais pu y suspendre mon chapeau, mais je puis bien assurer qu'en Angleterre elles auraient paru effroyables.

1. Dragée : menu plomb de chasse.
2. Aune : ancienne mesure de longueur d'environ 1 m. 20.

XIV

Robinson, effrayé par des traces humaines, fortifie sa demeure.

Un jour, comme j'allais à mon canot, je découvris très distinctement sur le sable les marques d'un pied nu, d'un pied humain. Jamais je n'éprouvai plus grande frayeur. Je m'arrêtai tout court, comme frappé de la foudre. Je me mis aux écoutes, je regardai tout autour de moi, mais je ne vis ni n'entendis rien. Je montai sur une petite éminence pour étendre ma vue; j'en descendis et j'allai au rivage, mais je n'aperçus rien de nouveau. J'y retournai, pensant que je n'avais vu les traces qu'en imagination, mais je retrouvai les mêmes marques d'un pied nu, les orteils, les talons et tous les autres indices d'un pied d'homme.

Je ne savais que conclure. Il me vint des pensées

8.

effrayantes. Je m'enfuis à ma fortification tout troublé, regardant derrière moi presque à chaque pas, et prenant tous les buissons que je rencontrais pour des hommes.

Je ne fus pas sitôt arrivé près de ma demeure que je m'y jetai comme un homme qu'on poursuit.

Je ne pus dormir de toute la nuit et mes craintes ne firent qu'augmenter. Je restai enfermé pendant trois jours et trois nuits et je commençais à languir de faim n'ayant chez moi que quelques biscuits et de l'eau. D'autre part, je pensai que mes chèvres avaient grand besoin d'être traites; je m'en fus donc à ma maison de campagne, mais tout en cheminant je réfléchissais. Voilà quinze années que j'étais dans l'île et jusqu'ici je n'avais pas aperçu seulement l'ombre d'une créature humaine. Je crus pouvoir conclure que si les gens du continent venaient de temps en temps y prendre terre, ils se rembarquaient dès qu'ils le pouvaient puisque, jusqu'ici, ils n'avaient pas jugé bon de s'y établir. Je vis parfaitement bien que tout ce que j'avais à craindre était des descentes accidentelles contre lesquelles il était prudent de chercher une retraite sûre.

Je commençai alors à me repentir d'avoir percé ma caverne si avant, et de lui avoir donné une sortie à l'endroit où ma fortification joignait le rocher. Pour remédier à cela, je résolus de me faire un second retranchement, à quelque distance de mon rempart, exactement là où douze ans auparavant j'avais planté une double rangée d'arbres. Je les avais mis si serrés qu'il ne me fallait qu'un petit nombre de palissades entre eux pour en faire une fortification suffisante.

De cette manière, j'étais retranché dans deux remparts : celui de dehors était rembarré de pièces de bois, de vieux câbles et de tout ce que j'avais estimé propre à le renforcer. Je le rendis épais de plus de dix pieds à force d'y apporter de la terre et de lui donner de la consistance en marchant dessus. J'y fis cinq ouvertures, assez larges pour y passer le bras, dans lesquelles je mis les cinq mousquets que j'avais tirés du vaisseau et je les plaçai, en guise de canons, sur des espèces d'affûts, de telle manière que je pouvais, en deux minutes, faire feu de toute mon artillerie. Au bout de quelques mois, cet ouvrage étant achevé, je plantai, sur un grand espace de terre hors du rempart, des rejetons d'un bois semblable à l'osier. Je crois qu'en une seule année j'en fichai en terre plus de vingt mille, laissant un vide assez grand entre ces bois et mon rempart afin de pouvoir découvrir l'ennemi s'il venait à me dresser des embûches au milieu de ces jeunes arbres.

Deux ans après, ils formaient déjà un bocage épais. Au bout de six ans, j'avais devant ma demeure une forêt d'une telle épaisseur et d'une si grande force qu'elle était absolument impénétrable et que personne n'aurait pu supposer qu'elle cachât la retraite d'une créature humaine.

Comme je n'avais point laissé d'avenue à mon château, je me servais, pour y entrer et pour en sortir, de deux échelles. Avec la première, je montais jusqu'à un endroit du roc où il y avait place pour poser la seconde et, quand je les avais retirées l'une et l'autre, il n'était pas possible à âme vivante de venir à moi sans courir les plus grands dangers.

8..

C'est ainsi que je pris pour ma sauvegarde toutes les mesures que la prudence humaine était capable de me suggérer.

Je songeai également à préserver mon troupeau. Pour cela, je décidai de faire deux ou trois nouveaux enclos, éloignés les uns des autres, aussi cachés que possible et pouvant renfermer chacun une demi-douzaine de jeunes chèvres. De cette façon, si quelque désastre arrivait au troupeau général, je pourrais le remettre sur pied en peu de temps et avec peu de peine.

Je me mis donc à parcourir tous les recoins de l'île et trouvai bientôt un endroit aussi détourné que je souhaitais. C'était une pièce de terre unie, au beau milieu des bois les plus épais, une sorte d'enclos naturel. Au bout d'un mois, quelques-uns de mes animaux purent déjà être mis en sûreté dans cet asile.

Je continuai mes recherches pour trouver un autre lieu secret lorsqu'un jour, m'avançant davantage vers la pointe occidentale de l'île, je crus voir d'une hauteur où j'étais une chaloupe bien avant dans la mer.

XV

Où Robinson découvre que les anthropophages viennent festoyer dans son île.

Étant descendu de la colline, et me trouvant dans un endroit où je n'avais jamais été auparavant, je fus pleinement convaincu qu'un vestige d'homme n'était pas chose fort rare dans mon royaume. Si je n'avais pas eu la chance d'être jeté du côté où les sauvages ne venaient jamais, j'aurais su que les canots du continent cherchaient assez souvent une rade dans cette île. J'aurais appris encore qu'après quelque combat naval, les vainqueurs menaient leurs prisonniers sur mon rivage pour les tuer et les manger, en vrais cannibales qu'ils étaient.

Ce qui m'instruisit de tout cela fut un spectacle que je vis alors sur le bord du côté sud-ouest, spectacle qui me remplit d'étonnement et d'horreur. J'aperçus la terre parsemée de crânes, de mains, de pieds et d'autres ossements humains. J'observai près de là les restes d'un feu et un banc creusé dans la terre, en forme de cercle, où, sans doute, ces abominables sauvages prenaient place pour consommer leur affreux festin.

Je rentrai chez moi, bouleversé d'horreur, mais beaucoup moins inquiet que je ne l'avais été pendant les deux années de transes mortelles qui s'étaient écoulées depuis ma première découverte d'une trace de pied nu.

Je savais maintenant que ces sauvages ne venaient rien chercher dans l'île, mais seulement y faire leur régal. J'avais déjà passé dix-huit ans sans rencontrer personne, je pouvais espérer en passer encore autant avec le même bonheur. Cependant, le spectacle dont j'avais été témoin m'enleva toute gaîté et me tint renfermé dans mes propres domaines, je veux dire mon château fort, ma maison de campagne, mon nouvel enclos dans les bois. Et mon unique divertissement était alors la compagnie de mes animaux domestiques.

La vingt-troisième année de mon séjour dans l'île, au mois de décembre, sortant un matin un peu avant le lever du soleil pour aller faire ma moisson, je fus surpris par la vue d'une lumière sur le rivage à une grande demi-lieue de moi. Ce n'était pas du côté où j'avais observé que les sauvages abordaient d'ordinaire, mais bien du côté de ma demeure.

Épouvanté, je retournai vers mon château et, ayant retiré mon échelle après moi, je me préparai à la défense, je chargeai mon artillerie et tous mes pistolets et résolus de me battre jusqu'à mon dernier soupir. J'attendis ainsi l'ennemi pendant deux heures, puis, incapable de rester plus longtemps dans l'incertitude, je m'enhardis à monter sur le haut du rocher au moyen de mes deux échelles et, m'étendant sur le ventre, je me servis de ma lunette d'approche pour savoir de quoi il s'agissait.

Je vis d'abord neuf sauvages assis en rond autour d'un petit feu, non pour se chauffer, car il faisait une chaleur extrême, mais pour préparer quelque mets de chair humaine qu'ils avaient apportée avec eux, morte ou vive.

Ils étaient venus sur deux canots qu'ils avaient tirés sur le rivage; et comme c'était alors le temps du flux, ils paraissaient attendre le reflux pour s'en retourner. Je conclus qu'ils venaient et retournaient toujours de la même manière et que je pouvais battre la campagne sans danger pendant le flux à condition de n'avoir pas été découvert auparavant. Cette pensée me rassura et me permit de continuer ma moisson avec assez de tranquillité. Les choses se passèrent comme j'avais prévu. Dès que la marée commença à se retirer, je les vis se jeter dans leurs barques et faire force rames. Mais ce n'était pas sans s'être divertis auparavant par toutes sortes de danses.

Aussitôt que je les vis embarqués, je sortis avec

deux fusils sur mes épaules, deux pistolets à ma ceinture, mon large sabre à mon côté et je gravis promptement la colline d'où j'avais vu pour la première fois les
reliefs des horribles festins de ces cannibales.

Descendu sur le rivage, j'aperçus de nouvelles traces
de leur brutalité et j'en fus si indigné que je résolus
de tomber sur la première troupe que je rencontrerais, si
nombreuse qu'elle pût être.

XVI

Robinson sauve la vie
à un prisonnier des sauvages.

Une fois cette détermination prise, je ne manquai
pas un seul jour d'aller en reconnaissance, mais je
ne découvris rien pendant dix-huit mois. Cependant, un
matin, je vis sur le rivage jusqu'à six canots dont les
sauvages étaient déjà à terre et hors de la portée de ma
vue. Je savais qu'ils venaient d'ordinaire cinq ou six dans
chaque barque : me serait-il possible d'en venir aux mains
avec une trentaine ?

Mais j'attendais depuis si longtemps cette occasion
que je ne la laissai point passer et que je me préparai pour
le combat; puis, posant mes deux fusils au pied de

mon échelle, je montai sur le rocher où je me plaçai de telle manière que ma tête ne dépassait pas le sommet. De là, au moyen de mes lunettes, j'aperçus qu'ils étaient en effet au moins trente, qu'ils avaient allumé du feu pour préparer leur festin et qu'ils dansaient autour avec mille postures et mille gesticulations bizarres selon la coutume de leur pays.

Un moment après, je les vis qui tiraient d'une barque deux misérables pour les mettre en pièces. Un des deux tomba bientôt à terre, assommé, à ce que je crois, d'un coup de massue. L'autre victime, parvenant à s'échapper, se mit à courir avec toute la vitesse imaginable, directement de mon côté, je veux dire du côté du rivage qui menait à mon habitation.

J'avoue que je fus terriblement effrayé en le voyant enfiler ce chemin, surtout parce que je m'imaginais qu'il était suivi de toute la troupe. Je restai néanmoins au même endroit et je me rassurai bientôt en voyant qu'il n'y avait que trois hommes qui le poursuivaient et qu'il gagnait sur eux un terrain considérable.

Il rencontra bientôt une petite baie où il aurait pu être pris s'il s'était seulement arrêté; mais il n'hésita pas et, quoique la marée fût haute, il se jeta à corps perdu dans les eaux et gagna l'autre rive en une trentaine d'élans. Après quoi, il se remit à courir avec autant de force qu'auparavant. Quand ses trois ennemis arrivèrent au même endroit, ils hésitèrent. L'un d'entre eux renonça à se mettre à la nage et s'en retourna vers le lieu du festin. Quant à ceux qui se décidèrent à passer l'eau,

ils mirent bien le double du temps que leur prisonnier avait employé.

Je fus alors pleinement convaincu que l'occasion était venue de me procurer un compagnon et un domestique. Je descendis précipitamment du rocher pour prendre mes fusils et, remontant avec la même ardeur, j'avançai vers la mer. Je n'avais pas grand chemin à faire et me jetai bientôt entre le poursuivant et le poursuivi, tâchant de faire comprendre à celui-ci de s'arrêter et de rester avec moi. Mais je crois qu'à ce moment je lui faisais aussi peur que ceux auxquels il tentait d'échapper. J'avançai à pas lents, et ensuite, me jetant brusquement sur le premier sauvage, je l'assommai d'un coup de crosse.

Le second, voyant tomber son camarade, s'arrêta court, comme effrayé. J'allai droit sur lui, mais en l'approchant, je le vis armé d'un arc dans lequel il mettait la flèche. Je ne lui laissai pas le temps de tirer et le fis tomber raide mort.

Pour le pauvre fuyard, il était si épouvanté du feu et du bruit, qu'il s'arrêta tout court, sans bouger du même endroit, et je vis à son air effaré qu'il avait plus envie de reprendre sa fuite que d'approcher de moi. Je lui fis signe de nouveau, il fit quelques pas, puis s'arrêta et le même manège dura quelques instants. Il s'imaginait sans doute être devenu prisonnier une seconde fois et menacé d'être tué comme ses deux ennemis. Enfin, lui ayant fait signe d'approcher pour la troisième fois, et de la manière la plus propre à le rassurer, il vint à moi, se mettant à genoux tous les dix ou douze pas pour me témoigner sa reconnaissance. Pendant tout ce temps je lui souriais aussi gracieusement qu'il était possible. Enfin, étant arrivé tout près de moi, il se jeta à mes genoux, baisa la terre, prit un de mes pieds et le posa sur sa tête pour me faire comprendre sans doute qu'il me jurait fidélité. Je le relevai en lui faisant des caresses pour l'encourager de plus en plus et l'emmenai ensuite avec moi, non dans mon château, mais dans la grotte. Là je lui donnai du pain, une grappe de raisins secs, et de l'eau dont il avait un grand besoin, étant fort altéré par la fatigue d'une si longue et si rude course. Je lui fis signe d'aller dormir en lui montrant un tas de paille de riz avec une couverture qui me servait assez souvent de lit à moi-même.

XVII

Vendredi.

J'avais désormais un compagnon. C'était un grand
garçon de vingt-cinq ans à peu près, au corps bien fait.
Ses membres montraient qu'il était adroit et robuste; son
air était courageux sans aucune marque de férocité. Au
contraire, quand il souriait, on voyait dans ses traits cette
douceur et cet agrément qui sont particuliers aux Euro-
péens. Ses cheveux ne ressemblaient pas à de la laine
frisée, mais ils étaient longs et noirs; son front était grand
et élevé, ses yeux brillants et pleins de feu. Son teint
n'était pas noir, mais seulement basané, approchant d'une
légère couleur olive. Il avait le visage rond et le nez bien
fait, la bouche belle, les lèvres minces, les dents bien
rangées et blanches comme de l'ivoire.

Après avoir plutôt sommeillé que dormi pendant une

demi-heure, il se réveilla, sortit de la grotte pour me rejoindre dans l'enclos tout proche où je trayais mes chèvres, vint à moi en courant et se jeta à mes pieds avec toutes les marques d'une véritable reconnaissance. Puis, il renouvela la cérémonie de me jurer fidélité en posant mon pied sur sa tête.

Je fis de mon mieux pour lui montrer que j'étais content de lui; peu après, je commençai à lui parler et il apprit à me parler à son tour. Je lui enseignai d'abord qu'il s'appellerait *Vendredi* en mémoire du jour où je lui sauvai la vie.

Je lui appris encore à me nommer *Mon maître* et à dire à propos *oui* et *non*. Je lui donnai ensuite du lait dans un pot de terre, j'en bus le premier et j'y trempai mon pain, en quoi, m'ayant imité, il me fit signe qu'il le trouvait bon. L'ayant ainsi réconforté, je songeai à l'habiller. Je lui donnai d'abord une paire de culottes de toile que j'avais trouvée dans le coffre d'un des matelots. J'y ajoutai une veste de peau de chèvre et comme j'étais devenu tailleur dans les formes, je lui fis encore un bonnet de la peau d'un lièvre, bonnet qui n'avait pas trop mauvaise façon.

Le jour suivant, je me mis à chercher où je pourrais le loger d'une manière commode pour lui sans avoir rien à craindre pour moi au cas où il serait assez méchant pour attenter à ma vie. Je ne trouvai rien de plus convenable que de lui faire une hutte entre mes deux retranchements et je pris toutes les précautions pour l'empêcher de venir dans mon château malgré moi. Mais cette prudence n'était pas nécessaire. Jamais homme n'eut un valet plus fidèle, plus rempli d'amour pour son maître. Il s'attachait à moi avec une tendresse véritablement filiale, il n'était ni entêté ni violent et, en toute occasion, il aurait sacrifié sa vie pour sauver la mienne.

J'étais charmé de lui et m'efforçais surtout de lui apprendre à parler; je le trouvai le meilleur écolier du monde. Il était si gai, si ravi quand il pouvait me comprendre ou se faire comprendre de moi qu'il me communiquait sa joie et rendait nos conversations charmantes.

Je résolus aussi de le détourner de son appétit de cannibale en lui faisant goûter d'autres viandes. Je le conduisis donc un matin dans les bois et fis feu sur un chevreau sauvage que je tuai. Le pauvre Vendredi qui m'avait vu terrasser de loin un de ses ennemis se mit à trembler comme une feuille. Sans tourner la tête du côté du chevreau pour voir si je l'avais tué ou non, il ne songea qu'à ouvrir sa veste pour examiner s'il n'était pas blessé lui-même; après quoi, il se jeta à mes pieds pour me supplier de ne pas le tuer.

Je le rassurai, le prit par la main en souriant, le fis lever, et, lui montrant du doigt le chevreau, lui fis signe de l'aller chercher. Pendant qu'il était occupé à découvrir comment cet animal avait été tué, je chargeai mon fusil de nouveau et, au même moment, j'aperçus un perroquet sur un arbre. Là-dessus, j'appelai Vendredi et, lui montrant mon fusil et le perroquet, je lui fis comprendre mon dessein d'abattre l'oiseau. Je tirai effecti-

vement et je vis de nouveau la frayeur sur le visage de
mon compagnon. Ne m'ayant rien vu mettre dans mon
fusil, il le considéra comme une source inépuisable de

ruine et de destruction. De longtemps il ne put revenir de
sa surprise, et, si je l'avais laissé faire, je crois qu'il aurait
adoré mon fusil aussi bien que moi. Il n'osa pas y toucher
pendant plusieurs jours, mais il lui parlait, comme si cet
instrument était capable de lui répondre. C'était, comme

j'ai appris dans la suite, pour le prier de ne pas lui ôter la vie.

Le même soir, j'écorchai le chevreau, je le coupai en pièces et en mis quelques morceaux sur le feu, dans un pot que j'avais. J'en fis un bon bouillon et donnai une partie de cette viande ainsi préparée à mon valet qui, voyant que j'en mangeais, se mit à la goûter aussi.

Après l'avoir ainsi apprivoisé avec cette nourriture, je voulus le régaler d'un rôti. Le jour suivant, j'attachai un morceau de chevreau à une corde et le fit tourner continuellement devant le feu comme j'avais vu faire en Angleterre. Dès que Vendredi en eut goûté, il fit tant de grimaces pour me dire qu'il le trouvait excellent et qu'il ne mangerait plus de chair humaine qu'il eût fallu être stupide pour ne pas le comprendre.

Le jour après, je l'occupai à battre de l'orge et à la vanner à ma façon, ce qu'en peu de temps il fit aussi bien que moi. Il apprit même à faire du pain, en un mot, il ne lui fallut que peu de jours d'apprentissage pour être capable de me servir de toutes manières.

Cette année-là fut la plus heureuse que je passai dans l'île. Vendredi commençait à parler fort joliment; il savait déjà les noms de presque toutes les choses dont je pouvais avoir besoin et de tous les lieux où j'avais à l'envoyer. J'étais de plus en plus charmé de ses progrès, de sa probité, de son affection et je l'aimais moi-même chaque jour davantage.

XVIII

Où Vendredi, du sommet d'une colline, découvre sa patrie.

Un jour, j'eus envie de savoir de lui s'il regrettait beaucoup sa patrie et je lui demandai combien il y avait de l'île au continent, si, dans ce trajet, les canots ne périssaient pas souvent. Il me répondit qu'il n'y avait point de danger et qu'un peu avant dans la mer on trouvait tous les matins le même vent et le même courant et tous les après-dîners un vent et un courant directement opposés.

Je crus d'abord que ce n'était autre chose que le flux et le reflux; mais je compris dans la suite que ce phénomène était causé par la grande rivière Orénoque dans l'embouchure de laquelle mon île était située et que la terre que j'apercevais à l'ouest était la grande île de la Trinité.

Je fis mille questions à Vendredi sur le pays, les habitants, la mer, les côtes et les peuples qui en étaient voisins. Il me donna sur cela toutes les connaissances qu'il avait, mais j'avais beau lui demander les noms des différents peuples des environs, il ne me répondait rien sinon *Caribs*. J'en conclus qu'il s'agissait des îles Caribes[1] qui s'étendent de la Rivière Orénoque vers la Guyane. Il me dit encore que bien loin derrière la Lune (il voulait dire vers le couchant de la lune, ce qui doit être à l'ouest de leur pays), il y avait des hommes blancs et barbus, comme moi. Il était facile de comprendre qu'il désignait par là les Espagnols.

Je lui demandai ensuite comment je pourrais aller parmi ces hommes blancs. Il me répondit que je pouvais prendre deux canots, ce que je ne compris pas d'abord. Mais après ses explications je vis qu'il entendait par là un canot aussi grand que deux autres. Cet entretien me fit grand plaisir et me donna l'espoir de sortir un jour de l'île et de trouver pour cela un secours considérable dans mon fidèle sauvage.

Un jour, comme je lui faisais remarquer les restes de la chaloupe qui se perdit lorsque je m'échappai du naufrage, il se mit à réfléchir sans dire un mot. Lorsque je l'interrogeai, il me répondit : « *Moi, voir telle chaloupe aussi dans ma nation.* »

Je ne sus pas d'abord ce qu'il voulait dire par là, mais je compris ensuite qu'une chaloupe semblable avait été portée par une tempête sur le rivage de son pays. Je lui en

---

1. Caribes : ce nom désignait autrefois la chaîne des petites Antilles.

demandai la description. Il s'en acquitta assez bien et me fit tout deviner en ajoutant : « *Nous, sauver les blancs hommes de se noyer* ».

Je lui demandai s'il y avait quelques hommes blancs dans cette chaloupe « *Oui*, dit-il, *la chaloupe pleine d'hommes blancs.* Et en comptant à l'aide de ses doigts, il me fit comprendre qu'il y en avait eu jusqu'à dix-sept et qu'ils demeuraient *chez* sa nation.

Je l'interrogeai davantage pour savoir ce que ces gens étaient devenus. Il m'assura qu'ils étaient encore là, qu'ils y avaient vécu pendant quatre ans. Lorsque je lui demandai pourquoi ils n'avaient pas été mangés, il me répondit : « *Ils faire frère avec eux ; ne manger hommes, que quand la guerre fait battre* ». Ce qui signifiait que sa nation avait fait la paix avec eux et qu'elle ne mangeait que les prisonniers de guerre.

Il arriva, assez longtemps après, qu'étant au haut d'une colline, du côté de l'est d'où, par temps clair, on pouvait découvrir le continent, après avoir attentivement regardé de ce côté-là, il parut tout exalté. Il se mit à sauter et à gambader, criant de toutes ses forces : « *O joie, ô plaisant, là, voir mon pays, là, ma nation.* »

La joie était répandue sur son visage et je lus dans ses yeux le désir violent de retourner dans sa patrie. Quand je lui demandai s'il ne souhaitait pas revoir son pays : « *Oui*, répondit-il, *moi fort joyeux, voir ma Nation.*

— Qu'y feriez-vous, lui dis-je, voudriez-vous revenir sauvage et manger encore de la chair humaine ?

— Non, non, répliqua-t-il, *Vendredi leur conter vivre bons, manger pain de blé, chair de bêtes, lait, non plus manger hommes.*

— Mais ils vous mangeront.

— *Non, eux non tuer moi, volontiers aimer apprendre.* »

Et il ajouta qu'ils avaient appris beaucoup de choses des hommes barbus qui étaient venus dans la chaloupe. Je lui demandai alors s'il avait envie d'y retourner. Lorsqu'il m'eut répondu en souriant qu'il ne pouvait pas nager jusque-là, je lui promis de lui faire un canot. Il me dit alors qu'il voulait bien, pourvu que je fusse de la partie. Il m'assura que, bien loin de me manger, les gens de son pays feraient grand cas de moi lorsqu'il leur aurait conté que j'avais sauvé sa vie et tué ses ennemis. Et, pour me rassurer, il me fit un grand détail de toutes les bontés qu'ils avaient eues pour les hommes barbus que la tempête avait jetés sur le rivage.

A partir de ce moment, je pris la résolution de hasarder le passage et de tenter de rejoindre ces étrangers. Je ne doutais pas que si j'avais le bonheur de me trouver sur le continent en si nombreuse compagnie je finirais bien un jour par regagner ma patrie.

C'est dans ce but que je décidai de mettre Vendredi au travail et le menai de l'autre côté de l'île pour lui montrer ma chaloupe. L'ayant tirée de l'eau, je la mis à flot et nous y entrâmes tous deux.

Voyant qu'il la maniait avec beaucoup d'adresse et de force, et qu'il la faisait avancer deux fois plus vite que je ne

l'aurais fait moi-même, je lui dis : « Eh bien! irons-nous
dans votre nation? » Mais il me fit comprendre que cette
barque serait trop faible pour un tel voyage. Je lui dis alors
que nous devions en faire une assez grande et assez résis-
tante pour qu'il pût l'utiliser pour retourner chez lui. Cette
proposition lui fit baisser la tête d'un air fort chagrin et
quand je lui demandai pourquoi, il me répondit d'un ton
lamentable : « *Pourquoi vous en colère contre Vendredi,
quoi moi faire contre vous ?* »

Je lui dis qu'il se trompait, que je n'étais point du tout
en colère « *Point colère!* répliqua-t-il en répétant plusieurs fois ces paroles : *Point colère! Pourquoi donc
envoyer Vendredi auprès ma nation?*

— Mais ne m'avez-vous pas dit que vous souhaitiez y
être?

— *Oui, oui, souhaiter tous deux là, non Vendredi là,
et point maître là.* » En un mot, il ne voulait pas entreprendre le passage sans moi.

Après lui avoir demandé en quoi ce voyage pouvait
m'être utile, il me répondit avec vivacité : « *Vous faire
grand beaucoup bien, vous enseigner hommes sauvages
être bons hommes et apprivoisés, leur enseigner vivre
nouvelle vie.*

— Hélas, mon enfant, lui répondis-je, vous ne savez
pas ce que vous dites, je ne suis moi-même qu'un pauvre
ignorant.

— *Oui, oui, répliqua-t-il, vous, moi enseigner bonnes
choses, vous enseigner eux bonnes choses aussi.* »

Malgré ces marques de son attachement pour moi, je

10

fis semblant de persévérer dans mon dessein de le ren-
voyer. Il en fut désespéré au point d'aller chercher une
hache et de me dire en l'apportant : « *Vous prendre, vous
tuer Vendredi, non envoyer Vendredi chez sa nation.* »
Il prononça ces mots d'une façon si touchante que je fus
convaincu de sa tendresse pour moi et lui fis la promesse
que nous partirions ensemble.

Sans tarder davantage, nous allâmes à la recherche
d'un grand arbre pour en faire un grand canot. Vendredi en
trouva bientôt un d'un bois qui m'était inconnu, mais qu'il
savait convenir à ce que nous voulions. Il était d'avis de le
creuser en brûlant le dedans, mais je lui enseignai la
manière de se servir des coins de fer et, après un mois de
rude travail, la barque fut achevée. Nous fûmes encore
occupés une quinzaine de jours à la mettre à l'eau, ce que
nous fîmes pouce après pouce, au moyen de quelques
rouleaux.

J'étais surpris de voir avec quelle adresse Vendredi
savait la manier et la tourner. Je lui demandai si elle était
assez bonne pour hasarder le passage, il m'assura qu'elle
nous porterait, même par un grand vent. J'avais pourtant
encore un dessein, celui d'y ajouter un mât, une voile, une
ancre et un câble.

A cet effet, je choisis un jeune cèdre fort droit et
j'employai Vendredi à l'abattre et à lui donner la forme
nécessaire. Pour moi, je fis mon affaire de la voile. Je
savais qu'il me restait un bon nombre de morceaux de
vieilles voiles, mais comme je ne les avais guère soignées
depuis vingt-six ans, je craignais de les trouver pourries. J'en

tirai pourtant deux lambeaux passablement bons, je me mis à y travailler et, après la fatigue d'une couture longue et pénible, faute d'aiguilles, j'en fis enfin une voile triangulaire.

Il me fallut presque deux mois pour dresser mon mât et ma voile et mettre la dernière main à tout ce qui était nécessaire à la barque. De plus, j'attachai un gouvernail à la poupe. J'étais assez mauvais charpentier, mais comme je connaissais la grande utilité de cette pièce, je travaillai avec tant d'application que j'en vins à bout, mais je puis bien dire que cette seule partie me donna autant de mal que la barque tout entière.

Il s'agissait alors d'enseigner la manœuvre à Vendredi. Il savait parfaitement mener un canot à la rame, mais il était fort ignorant dans le maniement d'une voile et d'un gouvernail. Son étonnement était inexprimable quand il me voyait tourner et virer ma barque à ma fantaisie et la voile s'enfler du côté où je voulais aller. Cependant, un peu d'usage lui rendit toutes ces choses familières et en peu de temps il devint un matelot accompli, sauf qu'il me fut impossible de lui faire comprendre la boussole. Mais ce n'était pas un grand malheur car nous avions rarement un temps couvert et jamais de brouillards.

XIX

Comment, à un retour des Cannibales, Vendredi retrouve son père.

J'étais alors dans la vingt-sixième année de mon exil dans cette île, quoique je ne puisse guère appeler exil les trois dernières années où j'avais joui de la compagnie de mon fidèle Vendredi.

La saison pluvieuse étant proche, j'avais pris toutes mes mesures pour mettre notre bâtiment en sûreté et je l'avais fait entrer dans la petite baie dont j'ai déjà parlé plusieurs fois. Je l'avais tiré sur le rivage pendant la haute marée et Vendredi lui avait creusé un petit chantier, juste assez grand pour le contenir, assez profond pour pouvoir lui donner autant d'eau qu'il fallait pour le mettre à flot. Pour préserver la chaloupe de la pluie, nous la couvrîmes d'un grand nombre de branches d'arbres plus impénétrables qu'un toit de chaume. C'est ainsi que nous attendîmes l'écoulement des mois de novembre et de décembre.

Avec le retour du temps favorable, mon désir d'exécuter le voyage revint et s'affermit. J'étais continuellement occupé à tout préparer, principalement à rassembler les provisions nécessaires. Un matin, pendant que je travaillais à ces préparatifs, j'ordonnai à Vendredi d'aller sur le bord de la mer pour chercher quelque tortue dont la trouvaille nous était fort agréable tant à cause des œufs qu'à cause de la viande.

Il n'y avait qu'un moment qu'il était sorti, quand je le vis revenir à toutes jambes et voler par-dessus le retranchement extérieur comme si ses pieds ne touchaient pas terre. Sans me laisser le temps de l'interroger, il se mit à crier : « *O maître, maître, douleur, ô mauvais.*

— Qu'y a-t-il? lui dis-je.

— *Oh!* répondit-il, *là-bas, un, deux, trois canots; un, deux, trois.* »

J'avais beau tâcher de le rassurer, le pauvre garçon continuait à être dans des transes mortelles, persuadé que les sauvages étaient venus exprès pour le découvrir, le mettre en pièces et le dévorer.

« Courage, Vendredi, lui dis-je; je suis en aussi grand danger que toi; s'ils nous attrapent, ils n'épargneront pas plus ma chair que la tienne. C'est pourquoi il faut nous résoudre à combattre. Sais-tu te battre, mon enfant?

— *Moi tirer*, répliqua-t-il, *mais venir là plusieurs grand nombre.*

— Ce n'est pas une affaire, lui dis-je, nos armes à feu effrayeront ceux qu'elles ne tueront pas; je suis résolu à risquer ma vie pour toi, pourvu que tu me promettes de suivre exactement mes ordres.

— *Oui, oui*, répondit-il, *moi mourir quand mon maître ordonne de mourir.* »

Là-dessus, je lui fis boire un bon coup de rhum pour lui fortifier le cœur, je lui fis prendre mes deux fusils de chasse que je chargeai de la plus grosse dragée, je pris encore quatre mousquets sur chacun desquels je mis cinq petites balles, je chargeai mes pistolets, je mis mon grand sabre à mon côté et j'ordonnai à Vendredi de prendre sa hache.

M'étant préparé de cette manière, je pris une de mes lunettes, je montai au haut de la colline pour découvrir ce qui se passait sur le rivage; j'aperçus bientôt que nos ennemis y étaient au nombre de vingt et un avec trois prisonniers, et qu'ils se préparaient à un festin de triomphe.

J'observai encore qu'ils avaient débarqué, non dans l'endroit où Vendredi leur avait échappé, mais plus près de ma petite baie où le rivage était bas et où un bois épais s'étendait presque jusqu'à la mer. Cette découverte m'anima d'un nouveau courage et je partageai les armes entre Vendredi et moi. Je lui donnai un pistolet pour mettre à sa ceinture, lui mis trois fusils sur l'épaule. J'en pris autant pour moi et confiai à Vendredi un sac plein de poudre et de balles. Le seul ordre qu'il avait à suivre était de marcher sur mes pas, de ne faire aucun mouvement, de ne pas dire un mot sans en avoir reçu le commandement.

Je cherchai un détour pour venir de l'autre côté de la baie et pour gagner le bois afin d'avoir les cannibales à portée de fusil avant qu'ils ne m'eussent découvert. J'y parvins aisément, et entrai dans le bois avec toutes les précautions et tout le silence possible, ayant Vendredi sur mes talons. Je m'avançai jusqu'à ce qu'il n'y eût plus qu'une petite pointe du bois entre les sauvages et nous.

Apercevant alors un arbre fort élevé, j'appelai Vendredi tout doucement et lui ordonnai de monter jusqu'à la cime pour découvrir à quoi les sauvages s'occupaient. Il le fit et vint bientôt me rapporter qu'on les voyait distinctement, qu'ils étaient autour de leur feu, se régalant de la chair d'un de leurs prisonniers. Il ajouta qu'il avait vu un autre prisonnier garrotté et étendu sur le sable et que ce dernier n'était pas de leur nation, mais que c'était un des hommes barbus qui s'étaient sauvés dans son pays avec une chaloupe. Je m'avançai vers l'arbre moi-même et aperçus en effet un homme blanc couché sur le sable, les mains et les pieds liés. Les habits dont il était couvert ne me laissèrent pas douter un instant qu'il était bien un Européen.

Il y avait un autre arbre, revêtu d'un petit buisson, plus près encore du lieu de leur festin. J'avançai jusque-là et vis qu'il n'y avait pas un instant à perdre, car ils étaient déjà occupés à délier les pieds du pauvre Européen pour le pré-

parer et le dévorer. Je me tournai alors vers Vendredi et lui
dis :

« Suis mes ordres exactement, fais ce que tu me
verras faire sans la moindre faute. »

Il me le promit. Je pris mon mousquet et mis les sauvages en joue en lui ordonnant d'en faire autant.

« Est-tu prêt ? lui dis-je.

— Oui, répondit-il » et en même temps nous fîmes
feu l'un et l'autre.

Vendredi avait visé si juste qu'il en tua deux et en
blessa trois. Pour moi, je n'en blessai que deux et n'en
tuai qu'un. Mais on peut aisément imaginer l'épouvante
des sauvages. Tous ceux qui n'étaient pas blessés se levèrent
précipitamment sans savoir de quel côté tourner leurs pas
pour éviter le danger dont ils ne devinaient pas la source.
Mais, bientôt, ils prirent la fuite du côté de la mer, se
jetant dans leurs canots et abandonnant leur prisonnier.

Je m'avançai vers le malheureux, le délivrai et lui
demandai en portugais qui il était. Il me répondit en
latin « Christianus » d'une voix si faible que je lui donnai à
boire et à manger pour le réconforter. Après avoir un peu
repris ses esprits, il me fit comprendre qu'il était Espagnol et qu'il m'avait une grande reconnaissance.

Cependant Vendredi, me montrant un canot aban-
donné par les sauvages, proposa que nous y montions afin
de poursuivre nos ennemis et les effrayer définitivement. J'y
consentis et j'y entrai, suivi de Vendredi. Mais quelle
ne fut pas ma surprise en y voyant un troisième prisonnier
garrotté de la même manière que l'avait été l'Espagnol. Il

était presque mort de peur, n'ayant pas su de quoi il
s'agissait, dans l'impossibilité où il était de lever seulement
la tête.

Je me mis d'abord à couper les cordes qui l'incom-
modaient si fort et tâchai de le soulever, mais il n'avait plus
la force de se soutenir. Je priai Vendredi de lui donner
à boire un coup de rhum pour le remettre un peu. Dès
qu'il s'en fut approché, qu'il l'eut bien regardé et entendu
parler, je fus témoin d'un spectacle inattendu et extraordinaire.

Vendredi embrassait ce sauvage, pleurait, riait, sautait,
dansait à l'entour, puis se tordait les mains, se battait le
visage, puis, de nouveau, chantait, sautait, dansait. Il était
si ému qu'il fut quelques instants sans pouvoir m'expliquer
la cause de tous ces mouvements, mais étant revenu
un peu à lui, il me dit que ce sauvage était son père.

Il m'est impossible d'exprimer à quel point je fus
touché de la tendresse filiale de Vendredi et il m'est tout
aussi difficile de dépeindre toutes les extravagances où sa
joie le jetait. Tantôt il entrait dans le canot, tantôt il en
sortait, tantôt il y entrait de nouveau, s'asseyait auprès de
son père et, pour le réchauffer, lui tenait, pendant de
longs instants, la tête serrée contre sa poitrine. Puis, il lui
prenait les mains et les pieds raidis d'avoir été si fortement
serrés et tâchait de les dégourdir en les frottant.

Tout ceci nous fit oublier de poursuivre nos ennemis
qui étaient déjà hors de notre vue. Et ce fut un bonheur
pour nous car, deux heures après, il s'éleva un vent
terrible qui dura toute la nuit.

Pour revenir à Vendredi, je le vis un moment après sortir de la barque et se mettre à courir avec une telle rapidité que je le perdis de vue en un instant. J'avais beau crier, il n'entendait rien, mais environ un quart d'heure après, je le vis revenir avec un pot rempli d'eau fraîche et quelques morceaux de pain qu'il me donna.

Pour l'eau, il la porta à son père après que j'en eus bu un petit coup pour me désaltérer. Elle ranima entièrement le pauvre vieillard qui mourait de soif.

Quand il eut bu je vis qu'il y avait encore de l'eau de reste; j'ordonnai à Vendredi de la porter à l'Espagnol avec l'un des gâteaux qu'il était allé chercher. Le malheureux, extrêmement faible, s'était couché sur l'herbe à l'ombre d'un arbre. Il se releva pourtant pour manger et boire, mais essaya en vain de se mettre sur ses jambes. Ses pieds, enflés pour avoir été trop serrés, lui causaient trop de douleur. Je priai Vendredi de les lui frotter comme il avait fait pour son père. Vendredi le fit volontiers, après quoi il chargea le pauvre homme sur ses épaules, le porta jusqu'à la barque où il le fit asseoir tout auprès de son père. Puis, sortant de la barque, il la gouverna du rivage.

Il la conduisit ainsi jusqu'à la baie, mais ni son père, ni l'Espagnol n'eurent la force d'en sortir.

Après avoir cherché le moyen de les emporter, je fabriquai une espèce de civière sur laquelle nous les transportâmes jusqu'à notre retranchement extérieur. Mais là, nous fûmes encore dans un grand embarras. Je n'avais nulle envie d'abattre le rempart et ne voyais pas comment on pourrait les faire passer par-dessus. Le seul parti qu'il y avait à prendre, c'était de travailler à nouveau. Avec l'aide de Vendredi, je dressai, en moins de deux heures, une jolie petite tente couverte de ramée et de vieilles voiles, et cela entre mon retranchement extérieur et le bocage que j'avais planté près de là. Dans cette hutte, je leur fis deux lits de quelques bottes de paille. Sur chacun de ces lits je mis une couverture pour coucher dessus et une autre pour donner la chaleur nécessaire.

Je me croyais alors riche en sujets et me considérais comme un petit monarque. Toute cette île était mon domaine, mes sujets m'étaient parfaitement soumis, j'étais leur Législateur et leur Seigneur. Ils m'étaient tous redevables de la vie et tous étaient prêts à la risquer pour mon service dès que l'occasion s'en présenterait.

Dès que j'eus logé mes deux nouveaux compagnons, je songeai à rétablir leurs forces par un bon repas. Je commandai d'abord à Vendredi d'aller prendre dans mon troupeau apprivoisé un chevreau d'un an. Je le tuai et, en ayant coupé un quartier de derrière, je le mis en petits morceaux, je le fis bouillir et je vous assure que je leur accommodai un fort bon plat de viande et de bouillon où j'avais mis de l'orge et du riz. Je portai le tout dans la nouvelle tente et, ayant servi tout le monde, je me mis à table avec mes nouveaux hôtes que je régalai. Je les encourageai à parler, me servant de Vendredi comme d'interprète, non seulement auprès de son père, mais encore auprès de l'Espagnol qui parlait fort joliment la langue des sauvages.

Après le repas, j'ordonnai à Vendredi de prendre le canot, d'aller chercher les armes à feu que nous avions laissées sur le terrain et le lendemain je lui dis d'enterrer les morts qui, étant exposés au soleil, se seraient rapidement décomposés, et d'ensevelir en même temps les affreux restes du festin. Il s'acquitta si bien de cette pénible tâche que je n'aurais même pas pu reconnaître le lieu si je ne l'avais su tout proche de la pointe du bois.

Peu à peu, je voulus me renseigner sur nos ennemis par les questions que je posai à mes nouveaux sujets. Je demandai au père de Vendredi ce qu'il pensait des sauvages qui nous avaient échappé et si nous devions craindre leur retour.

Il me dit que les fugitifs n'avaient certainement pas échappé à la tempête et que, si par une chance inespérée ils avaient été assez heureux pour regagner leur rivage, la frayeur les y retiendrait. Ils avaient été si surpris et si étourdis par le bruit et le feu de nos armes qu'ils ne manqueraient pas de raconter à leur peuple que leurs compagnons avaient été tués par la foudre et par le tonnerre. Ce qui le confirmait dans cette opinion, c'est qu'il avait entendu dire aux fuyards qu'ils ne pouvaient pas comprendre comment les hommes pouvaient *souffler foudre, parler tonnerre* et tuer à une si grande distance sans lever seulement la main.

Ce vieux sauvage avait raison. J'appris ensuite que ceux qui s'étaient sauvés, ayant pu échapper au naufrage, avaient donné l'épouvante à leurs compatriotes. Ils répandirent la croyance que tous ceux qui approcheraient de cette *île enchantée* seraient détruits par le feu du ciel. Mais je ne sus toutes ces choses que plus tard; présentement, je n'étais pas très rassuré et me tenais sur mes gardes avec mes armes toutes prêtes. Cependant, comme je ne vis pas arriver un seul canot sur mon rivage pendant assez longtemps, mes craintes s'apaisèrent et je recommençai à envisager la possibilité de mon voyage sur le continent.

L'Espagnol m'apprit qu'il avait laissé là-bas seize autres chrétiens tant Espagnols que Portugais qui, s'étant sauvés sur ces côtes, y vivaient en paix avec les sauvages

mais avaient assez de peine à vivre sans mourir de faim.
Je lui demandai le récit de leur voyage et appris qu'ils
avaient monté un vaisseau espagnol venant de Rio de la
Plata et portant à la Havane des peaux et de l'argent,
et que c'est à demi morts de faim qu'ils étaient arrivés
sur le rivage des cannibales où ils se voyaient déjà
dévorés. Il me conta encore qu'ils avaient quelques armes
avec eux, mais qu'elles leur étaient absolument inutiles
faute de poudre et de balles.

« Mais, lui dis-je, que deviendront-ils à la fin?
N'ont-ils jamais formé le dessein de se tirer de là ? »

Il me répondit qu'ils y avaient pensé plus d'une fois,
mais que n'ayant ni vaisseau, ni instruments nécessaires
pour en construire un, ils avaient été obligés d'y renoncer.

Je lui demandai ensuite comment ils accueilleraient
de ma part une proposition de délivrance et si je pouvais
les faire venir tous dans mon île. Il pensa que les pauvres
gens seraient trop heureux d'accepter et il me proposa
d'aller les voir avec le vieux sauvage pour leur communi-
quer mon intention.

Et, pour me donner toute confiance en lui, il se déclara
prêt à me prêter serment avant son départ, me jura qu'il
ne quitterait jamais mes ordres et qu'il me défendrait
jusqu'à la dernière goutte de son sang si ses compatriotes
étaient assez lâches pour manquer à leurs promesses. Il
m'assura d'ailleurs qu'ils étaient tous de fort honnêtes gens,
désespérés à l'idée de ne jamais revoir leur patrie et que si
je voulais mettre un terme à leurs malheurs, ils ne deman-
deraient qu'à vivre et à mourir avec moi.

Je permis donc à mon Espagnol de passer en terre
ferme pour voir s'il y avait quelque chose à faire avec ses
compagnons. Je lui donnai seulement l'ordre de ne pas
amener un seul homme avec lui sans lui avoir fait jurer que
bien loin d'attaquer le Maître de l'île il ne négligerait rien
pour le défendre et qu'il se soumettrait entièrement à ses
commandements.

Muni de ces instructions, il partit avec le sauvage dans
le même canot qui les avait amenés. Je leur donnai à
chacun un mousquet, huit charges de poudre et de balles
en leur recommandant d'en être bons ménagers et de ne
les employer que dans les occasions pressantes. Je mis
dans le canot une provision de pain et de grappes sèches
pour plusieurs jours et une autre provision pour huit jours,
destinée aux Espagnols. Je convins encore avec eux d'un
signal qu'ils mettraient à leur canot au retour pour me per-
mettre de les reconnaître de loin et je leur souhaitai un
heureux voyage.

XX

Des Anglais débarquent dans l'île
et Robinson quitte son royaume.

J'avais déjà attendu pendant huit jours le retour de
mes députés quand il m'arriva une aventure incroyable.

J'étais encore profondément endormi lorsque Vendredi approcha de mon lit avec précipitation en criant :
« *Maître, Maître, ils sont venus, ils sont venus !* »

Je me levai et m'habillai en hâte, traversai mon
bocage qui était devenu un bois épais, songeant si peu au
danger que j'étais sans armes. Mais je fus bien surpris en
tournant mes yeux vers la mer de voir à une lieue et demie
de distance une chaloupe avec une voile venant du côté
sud de l'île et se dirigeant vers mon rivage où elle était
poussée par un vent favorable. Je priai Vendredi de ne
pas se donner le moindre mouvement puisque ce n'était

pas là les gens que nous attendions et que nous ne pouvions pas savoir encore s'ils étaient amis ou ennemis.

Pour mieux observer, je fus chercher ma lunette d'approche et, au moyen de mon échelle, je montai au haut du rocher comme je faisais d'ordinaire quand je voulais découvrir quelque chose sans être découvert moi-même.

A peine avais-je mis le pied sur le haut de la colline que je vis clairement un vaisseau à l'ancre, à peu près à deux lieues et demie au sud-ouest, et je crus deviner à la structure du bâtiment que le vaisseau était anglais aussi bien que la chaloupe.

Je ne saurais exprimer tous les sentiments que j'éprouvai. Ma joie de voir un navire dont l'équipage devait sans doute être de ma nation était une joie extrême, mais j'avais cependant quelque crainte. Je n'imaginais pas quelles affaires un vaisseau anglais pouvait avoir dans cette partie du monde puisque ce n'était la route d'aucun des pays vers lesquels mes compatriotes se dirigent d'ordinaire.

Lorsque la chaloupe aborda, je vis qu'elle portait onze passagers, dont trois sans armes et garrottés. Dès que cinq d'entre eux eurent sauté sur le rivage, ils firent sortir les autres, comme des prisonniers. Je vis l'un des trois marquer par ses gestes son affliction et son désespoir pendant que les deux autres levaient parfois les mains vers le ciel.

Je ne comprenais rien à ce spectacle quand Vendredi s'écria dans son mauvais anglais :

« *O Maître, vous voyez hommes anglais manger prisonniers aussi bien qu'hommes sauvages.*

— Non, non, dis-je, Vendredi, je crains seulement qu'ils ne les massacrent, mais sois sûr qu'ils ne les mangeront pas. »

Cependant ils ne leur firent aucun mal et se mirent à rôder à travers l'île comme pour aller à la découverte du pays. Mais vers deux heures de l'après-midi, au plus chaud de la journée, ils s'arrêtèrent pour se reposer dans les bois. Quant aux prisonniers, bien qu'ils ne fussent pas en état de dormir, ils se couchèrent cependant à l'ombre d'un grand arbre, assez près de moi, hors de la vue des autres.

Ayant pu m'approcher tout près d'eux sans être découvert, je leur criai en espagnol.

« Qui êtes-vous, Messieurs? »

Ils ne me répondirent rien et je les vis sur le point de s'enfuir. Alors, je leur parlai anglais :

« Messieurs, leur dis-je, n'ayez pas peur, peut-être avez-vous trouvé ici un ami sans vous y attendre. Faites-moi le récit de vos malheurs. »

Les yeux pleins de larmes, l'un d'entre eux me répondit : « Ce récit serait trop long. Je vous dirai seulement que j'ai été commandant du vaisseau que vous voyez; mais mes gens se sont révoltés contre moi et ils veulent m'abandonner dans ce désert avec ces deux hommes dont l'un est mon contremaître et l'autre un passager. »

— Mais, lui dis-je, que sont devenus vos coquins de rebelles?

— Les voilà couchés, répondit-il, en montrant du doigt une touffe d'arbres fort épaisse.

— Eh bien! dis-je, commençons par nous tirer d'ici, de peur qu'ils ne nous aperçoivent en s'éveillant. Suivez-moi vers un lieu où nous pourrons délibérer à notre aise sur nos affaires. »

Après que nous nous fûmes mis à couvert dans le bois, je lui parlai ainsi : « Monsieur, je veux bien tout risquer pour votre délivrance pourvu que vous m'accordiez deux conditions. Premièrement, pendant que vous serez dans cette île avec moi, vous renoncerez à toute sorte d'autorité et vous serez entièrement soumis à mes ordres. Deuxièmement, si nous réussissons à reprendre le vaisseau, vous me mènerez en Angleterre avec mon esclave sans rien demander pour le passage. »

Il me le promit avec les expressions les plus fortes et les plus reconnaissantes. Nous nous entendîmes alors sur la façon la plus habile de nous saisir des rebelles et de leur chaloupe et notre plan fut si heureusement dressé qu'il réussit avec la plus grande facilité.

Nous songeâmes ensuite au moyen de prendre le vaisseau qui contenait encore vingt-six hommes.

Avec l'aide de Vendredi, du contremaître, du passager et des matelots dont nous nous étions saisis et qui s'étaient rendus, le capitaine conduisit cette entreprise dans la perfection. Une fois maître du bâtiment, il m'annonça le succès en faisant tirer sept coups de canon, ce qui était le signal convenu.

Dès que je fus certain de cette heureuse nouvelle, je

me mis sur mon lit et m'endormis profondément. Je fus
réveillé par un nouveau coup de canon, et m'étant levé
pour en connaître la cause, je m'entendis appeler par mon
nom de Gouverneur. Je reconnus d'abord la voix du capitaine et, dès que je fus monté au haut du rocher où il
m'attendait, il me serra dans ses bras de la manière la plus
tendre. Puis, tendant la main vers le vaisseau : « Mon cher
ami, me dit-il, mon cher Libérateur, voilà votre vaisseau,
il vous appartient aussi bien que nous et tout ce que nous
possédons. »

Là-dessus, je tournai mes yeux vers la mer et vis
effectivement le vaisseau qui était à l'ancre à un petit quart
de lieue du rivage. Je considérais alors ma délivrance
comme sûre. Les moyens en étaient aisés : un bon vaisseau m'attendait pour me conduire où je trouverais bon
d'aller. Mais j'étais si saisi de la joie que me donnait ce
bonheur inespéré que je fus longtemps hors d'état de prononcer une parole. Lorsque je revins à moi, j'embrassai le
capitaine à mon tour, lui disant que je le regardais comme
un homme envoyé du ciel à mon secours. Il répondit affec-
tueusement à mes protestations et me dit qu'il avait
apporté quelques rafraîchissements, de ceux qu'un vaisseau
pouvait encore fournir après avoir été pillé par les mu-
tins. Là-dessus, il cria aux gens de la chaloupe de mettre
à terre les présents destinés au Gouverneur. En vérité,
c'était un vrai présent pour un Gouverneur, et pour un
Gouverneur qui aurait dû rester dans l'île, non pas par
un Gouverneur sur le point de s'embarquer.

Ce présent consistait en un petit cabaret rempli de

quelques bouteilles d'eaux cordiales, en six bouteilles de vin de Madère, deux livres d'excellent tabac, deux gros morceaux de bœuf, six morceaux de cochon, un sac de pois et environ cent livres de biscuit. Il y avait ajouté une boîte pleine de sucre et une autre remplie de fleur de muscade, deux bouteilles de jus de limon et un grand nombre d'autres choses utiles et agréables.

Mais ce qui me fit infiniment de plaisir, c'était six chemises toutes neuves, autant de cravates fort bonnes, deux paires de gants, une paire de souliers, une paire de bas, un chapeau et un habit complet. En un mot, il m'apporta tout ce qu'il me fallait pour m'équiper depuis les pieds jusqu'à la tête. On s'imaginera sans peine quel air je devais avoir dans ces habits et quelle incommodité ils me causaient la première fois que je les mis après m'en être passé pendant un si grand nombre d'années.

Après avoir fait porter tous ces présents dans ma demeure, je me mis à délibérer avec le capitaine sur ce que nous devions faire des prisonniers qu'il considérait comme des rebelles endurcis. Nous décidâmes de leur laisser la vie sauve s'ils acceptaient de demeurer dans l'île. Quand je les vis déterminés à y consentir, je leur donnai tout le détail de cet endroit, leur indiquai la manière de faire le pain, d'ensemencer les terres, de sécher les raisins, en un mot je les instruisis de tout ce qui pouvait rendre leur vie agréable et commode. Je leur parlai encore des seize Espagnols qu'ils avaient à attendre ; je leur confiai une lettre pour eux et leur fis promettre de vivre avec eux en bonne amitié.

Je leur laissai mes armes, à savoir, cinq mousquets, trois fusils de chasse, trois sabres et ma provision de poudre. Je leur enseignai aussi la manière d'élever mes chèvres, de les traire, de les engraisser, de faire du beurre et du fromage et, le jour suivant, notre vaisseau leva l'ancre.

En prenant congé de mon royaume, j'emportai avec moi, pour m'en souvenir, mon grand bonnet de peau de chèvre, mon parasol et mon perroquet. Je n'oubliai pas non plus l'argent que j'avais recueilli et qui était tout terni pour être resté inutile pendant si longtemps.

C'est ainsi que j'abandonnai l'île, le 19 décembre de l'an 1686 après y être resté vingt-sept ans, deux mois et dix-neuf jours.

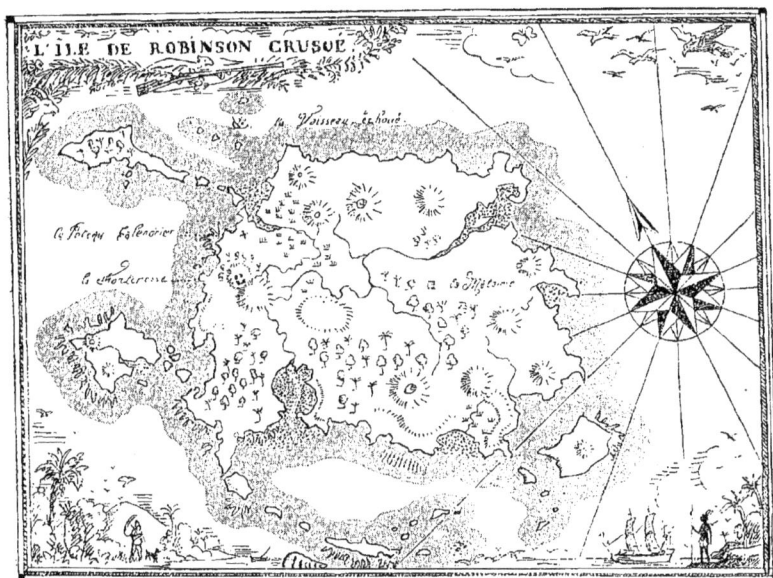

TABLE DES CHAPITRES

TABLE DES CHAPITRES

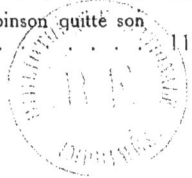

1579. — Paris. — Imp. Hemmerlé, Petit et Cⁱᵉ. (7-1927).

www.ingramcontent.com/pod-product-compliance
Lightning Source LLC
Chambersburg PA
CBHW071943100426
42737CB00046BA/2192